하루 세 번 칭찬으로 키우는 **아이 자존감**

FUTOKOHA 1NICHI 3PUN NO HATARAKIKAKE DE 99% KAIKETSUSURU
by Naoki Morita

Copyright ⓒ Naoki Morita, 2011
All rights reserved.
Original Japanese edition published by LIVRE CO LTD

Korean translation copyright ⓒ 2017 by BOOKRECIPE Publishing Co.
This Korean edition published by arrangement with LIVRE CO LTD
through HonnoKizuna, Inc., Tokyo, and BC Agency.

하루 세 번
칭찬으로
키우는

아이
자존감

모리타 나오키 지음 | 권서경 옮김

북레시피

등교를 거부하고 있는 아이들은 전국에 과연 몇 명이나 될까요? 최근 통계에 따르면 초·중학생 등교거부자는 일본 전국을 통틀어 10만 명이 넘는다고 합니다.

학교에 가기는 해도 교실에 들어가지 않고 보건실이나 다른 공간에서 시간을 보내는 아이들이 있는가 하면, 적응 지도교실 같은 지원시설로 등교하는 아이들도 있습니다. 이 아이들은 등교거부자에 포함되지 않습니다. 게다가 고등학생 등교거부자도 많습니다.

등교거부는 중대한 사회문제가 되고 있지만 그 해결책을 도무지 찾을 수 없는 것이 현실입니다.

저는 6년 전 초등학교에서 전문대로 근무처를 옮겨와 이곳에서의 교육상담을 계기로 등교거부 문제에 뛰어들게 되었습니다. 오랜 교직생활과 해결지향적인 브리프 테라피(문제의 원인을 개인에게서 찾지 않으며 상호작용의 변화를 통하여 해결하고자 하는 심리요법-옮긴이)의 지혜를 빌려 등교거부 아이들을 학교로 돌아가게 할 서포트 방법을 줄곧 찾아왔습니다. 그리하여 효과적인 '3요소'를 발견하였고, 이 방법을 통해 매년 수많은 아이들을 등교재개의 길로 이끌었습니다.

보호자의 협력이 있었던 경우는 거의 100퍼센트가 학교로 돌아갔고, 다시금 등교거부가 발생한 아이는 없었습니다. 6년 전에 서포트했던 아이들은 벌써 대학생이 되었습니다. 이 아이들은 대인관계를 두려워하지 않고 '나'답게 자신감에 찬 학교생활을 보내고 있습니다. 간호대학에 진학한 아이도 있고, 연극과에 진학하거나 전문학교에 다니며 독립영화를 찍는 아이도 있습니다.

이 서포트 방법이 효과를 볼 수 있는 것은 대상연령이 10대일 경우에 한해서라고 생각합니다. 이는 말 그대로 '양육법'이라고 할 수 있기 때문입니다.

거의 모든 아이들이 학교로 돌아갈 수 있는 방법이라면 왜 조금 더 일찍 공개하지 않았느냐고 할지도 모르겠습니다. 공개를 하기에는 방법이 너무도 간단한 데다, 아이들의 등교거부가 재발하지 않는다는 확실한 증거도 필요했습니다. 때문에 지금까지 6년 동안 등교재개를 한 아이들의 상태를 지켜봐왔던 것입니다.

결과는 어땠을까요? 재발은커녕 아이들은 새로운 인생을 걸고 있습니다. 마치 다시 태어난 것처럼 말이지요.

그렇기에 이제는 자신감을 가지고 여러분께 이 서포트 방법을 전해드리려 합니다.

이 방법의 핵심은 보호자의 힘으로 등교재개가 가능해질 뿐 아니라 등교거부를 미연에 방지할 수도 있다는 점입니다. 그것도 '하루에 단 3분, 아이에게 관심 갖기'면 됩니다. 등교거부뿐만 아니라 여러 가지 자녀 문제로 고민하고 있는 부모님들께 획기적인 방법이라고 할 수 있습니다.

초기 면담은 보호자와 진행하며, 자녀와 만나는 경우는 거의 없습니다. 아이와 한 차례의 면담도 없이 등교재개에 성공한 사례도 상당수 존재합니다.

초기 면담일수록 조금 시간이 걸리지만, (경우에 따라서 다소 차이는 있으나) 두세 번째부터는 한 달에 한두 번 방문하며

30분 정도가 소요됩니다. 이렇게만 해도 등교재개가 가능해집니다.

여기서 중요한 것은 다시 학교에 가기 시작한 뒤에도 일정기간 면담을 지속하며 관리해야 한다는 점입니다. 등교재개를 하기까지는 평균 3개월 정도가 소요되는데, 아이가 마음속에 큰 문제를 끌어안고 있는 경우에는 더 길어질 수도 있습니다.

개중에는 다시 학교에 보내는 것을 망설이는 보호자도 있으리라고 생각합니다. '힘든 과정을 거쳐가면서까지 학교에 보낼 필요는 없다, 학교에 가고 안 가고는 아이의 판단'이라는 생각이겠지요.

사실은 저도 그렇게 생각했습니다. 가정이나 대안학교에서 자유롭게 개성을 살려가며 키우는 것도 괜찮겠다는 생각을 한 적도 있습니다.

오랜 기간 등교거부 중인 아이는 항상 어른들과 함께 있기 때문에 지식도 풍부해 보이고 매우 어른스럽게 느껴지기도 합니다. 그러다 보니 이대로 학교에 가지 않아도 문제는 없을 것 같다는 생각마저 들기 시작합니다.

그러나 지금은 학교로 돌려보내는 것이 중요하다고 생각하게 되었습니다. 생각이 바뀐 이유는, 등교거부 끝에 다시 학교로 돌아간 아이들을 보며 사회성이 부족하다는 것을 느꼈기 때문입니다. 몸은 자랐지만 대인관계나 도덕의식의 발달은 등교거부를 시작했을 때의 나이에서 멈춰 있는 것이지요. 예를 들어, 초등학생 때 등교거부를 하기 시작했다면 겉모습은 중학생일지라도 사물에 대한 견해나 사고방식, 행동방식은 초등학생인 채로 머물러 있는 것입니다. 어른들과 함께 개성이라는 명목 하에 좋아하는 것만 한다면, 아이들은 완전한 어른이 되지 못하는 것이 아닐까 하는 생각을 했습니다.

학교를 대신할 양육 환경이 조성되어 있지 않은 현재 상황에서는 아이의 정서 발달을 위해 배움의 장인 학교로 돌려보내야 합니다. 아이들은 머지않아 독립해야 할뿐더러 앞으로 사회와 단절된 채 살아가는 것 또한 불가능합니다. 취직을 하고, 가정을 갖고, 아이를 키워야 합니다.

그렇다면, 어떻게 하면 등교재개가 가능해질까요. 이는 좀처럼 해결책을 찾기 어려운 막대한 문제였습니다.

이 책에서 제안하고자 하는 것은 매우 간단하고 이해하기 쉬운 서포트 방법입니다. 매일 3분 동안 아이에게 관심 주기, 그것으로 충분합니다. 겨우 3분, 컵라면을 조리할 시간만 투자하면 아이가 학교에 갈 수 있게 됩니다. 그리고 보호자의 생활을 바꿀 필요도 없습니다. 이 '3분 양육법'을 계속해나 간다면 아이들은 변화하기 시작할 것입니다. 아이 스스로의 힘으로 변할 수 있습니다.

'스스로 변화할 힘'을 기르지 않는 한, 얼마 지나지 않아 또다시 등교거부를 하게 됩니다. 초등학생 때 억지로 학교에 보내면 중·고등학교에 가서 재발하는 경우가 많습니다.

제가 유치원생부터 전문대학생까지 상담을 받고 있기 때문에 드리는 말씀입니다.

아이에게는 스스로 문제를 해결할 능력이 있습니다. 보호 자는 이를 믿고 3분을 유용하게 활용하면 됩니다. 그 3분 동안에 아이 스스로 문제 해결의 실마리를 찾아낼 것입니다.

실마리를 찾고 나면 아이는 변화하기 시작할 것입니다. 그러나 그 변화가 등교거부의 직접적인 해결책이 되리라고 장담할 수는 없습니다. 아이가 함께 고민해달라는 신호를 보내오면 그 신호를 보고 아이와 관련된 일은 아이와 함께 생각하면 됩니다. 이때에는 부모로서의 의견도 전해야 하고, 아이의 의견도 진지하게 들어야 할 것입니다. 이는 생각만큼 쉽게 이루어지지 못했던 부분입니다.

그럼 지금부터 '3분' 사용법을 설명하겠습니다.

2장 등교재개로 이끄는 3요소

3장 성공사례─이러한 서포트를 통해 학교에 가기 시작했다

4장 앞으로의 과제와 계획

　　부모의 양육 능력을 높이고 학교와의 연계를 계획하다

1장

등교거부의 메커니즘을
이해하는 것부터 시작하자

❶ 1년 안에 해결의 실마리를 찾아야 한다

아이가 등교거부를 하면 부모는 우선 학교 선생님이나 교내 상담사, 병원 등으로 상담을 받으러 갑니다. 그리고 부랴부랴 등교거부의 원인부터 찾습니다. 그러는 가운데 온갖 질문을 받으면서 부모는 '내 양육방법에 문제가 있었던 건지도 몰라.' 하며 내심 불안감을 느끼기 때문에 짐짓 아이의 행동을 납득해버리거나 자신을 책망하곤 합니다.

상담 후 "변화가 있을 때까지 기다립시다."라는 얘기를 듣고도 부모는 도무지 어떻게 해야 좋을지 모릅니다.

무엇을 어떻게 해야 아이가 학교에 갈 것인지 명확한 해답을 제시해줄 사람은 현재로서는 거의 없습니다. 예를 들어 상담사는 면담을 통해 상대방의 '깨달음'을 도와주는 직업이기 때문에 명쾌하게 '이렇게 하면 다시 학교에 갈 것'이라고는 말해주지 않습니다.

민간시설이나 공공시설에 맡겨 부모와 떨어트려놓는다고 해서 등교거부가 해결되리라 보기는 어렵습니다. 환경을 갖추어놓지 않은 채로 아이와 부모를 떨어트리면 아이의 마음에는 부모에게 버림받았다는 돌이킬 수 없는 상처가 남게 됩니다.

"변화를 기다립시다."라고 하면 부모는 '어떻게 기다리면 되지? 언제까지 기다려야 하지?' 하는 고민에 빠집니다.

'아, 이대로 가다가는 학년이 끝날 텐데. 어쩌지. 수업도 안 들었는데……' 이렇게 혼란은 가중됩니다.

자녀가 중학생이라면 '내신 성적이 없어서 고등학교에 못 가는 건 아닐까.' 하고 염려합니다.

고등학생이라면 더욱 큰일입니다.

'이대로 기다리기만 했다가는 유급될 거야. 유급되면 학교를 그만둘지도 몰라.'라며 몹시 난처해합니다.

기다리라고 한들 등교거부를 하고 있는 당사자는 자녀인데, 부모가 무엇을 할 수 있을까요? 등교거부의 원인을 파헤쳐 '분리불안'이라는 진단을 받고 자신의 양육방식을 비관하게 될지도 모릅니다.

'나는 엄마가 돼가지고 어떻게 이렇게 아이를 못 키울까.' '그게 잘못이었어, 이게 잘못이었어.' '애 아빠는 도와줄 생각도 않고, 정말이지…….' 하고 반성하거나, 변명하거나…… 그런 사소한 것들로 생각이 기울어집니다.

"스스로 변할 때까지 기다립시다."라고들 말하지만, 이것만으로는 정말이지 어쩔 도리가 없습니다. "진단 결과는 나왔지만 약이 없습니다. 저절로 나을 때까지 기다리세요."라고 하는 것과 마찬가지니까요.

등교거부는 계속 기다린다고 해서 저절로 해결되는 일이 아닙니다.

그리고 학교는 1년마다 체제가 바뀝니다. 인사이동으로 선생님이 교체되고, 요즘에는 담임선생님이 1년마다 바뀌는 경우도 많습니다. 그렇게 되면 학교는 같더라도 그 안의 실체는 다른 것이 되어버리기 때문에 모처럼 학교에 간 아이는 당황스럽기 마련입니다.

바로 그런 이유로 저는 부모가 1년 안에 해결의 실마리를 포착하여 아이를 등교재개의 길로 이끌 수 있도록 돕고자 합니다.

~~~~~~

❷ 변화를 기다리면
   시간은 눈 깜빡할 새에 지나간다

등교거부 학생들이 늦은 밤거리를 배회하거나 하지는 않습니다. 따라서 주변 사람들에게 민폐를 끼치지 않으며, 한편으론 아이가 집에 있기 때문에 부모도 안심하게 됩니다. 가족들에게 미안하다며 집안일을 하는 아이도 있어 부모에게 도움이 되는 경우 또한 있습니다.

최근 들어 사회적으로 등교거부를 이해하는 분위기여서 주변에 대한 부끄러움도 줄어든 것 같습니다.

등교거부 학생들의 학부모회에서 상황이 비슷한 보호자들과 이야기를 나눌 수도 있게 되었습니다. 그렇기 때문에 나 혼자가 아니라는 사실을 알고 안심합니다. 기다리다 보면 다시 학교에 가게 되는 아이도 있다는 이야기를 듣습니다. 그래서 아이에게 변화가 생길 때를 느긋하게 기다리는 태세에 돌입하게 되고, 그렇게 한 해 한 해가 지나갑니다.

그리고 중학교 3학년 정도가 되면 이 상태로는 고등학교에 갈 수 없을지도 모른다는 불안감이 생겨나기 시작합니다.

최근에는 '이대로 은둔형 외톨이(히키코모리)가 되는 게 아닐까.' 하고 걱정하는 분들도 늘어나고 있습니다.

결국 아무리 기다려도 등교거부는 해결되지 않습니다.

어쩌다가 학교에 갔다고 하더라도, 아이가 스스로 등교거부를 극복했다는 자각이 없다면 등교거부가 재발하거나 사회인이 되어서 기껏 취업한 직장을 그만두게 되는 경우도 적잖이 볼 수 있습니다.

등교거부가 몇 년 동안이나 지속되다 결국에는 외톨이가 되는 경우도 많습니다. 아무래도 뭔가 대책을 세워놓고 '변화를 기다릴' 필요가 있겠습니다.

등교거부는 아이의 장래까지 좌우하므로 지원 체계가 갖추어져 있는 학교에 다닐 때 등교재개로 이끄는 것, 그것이 최선입니다.

등교거부는 성장을 위한 과도기

등교거부는 '어떠한 것'을 계기로 시작됩니다. 그러나 같은 상황에 처해도 등교거부로 이어지지 않는 아이도 있습니다.

등교거부 아이는 다른 아이와 비교했을 때, 좋게 말하자면 섬세하고 상처받기 쉬운 것이고, 직설적으로 말하자면 어려움과 맞서 싸울 힘이 부족한 것이라고 할 수 있습니다. 이대로라면 홀로서기는 불가능합니다. 만약 스스로의 힘으로 다시 학교에 갈 수 있게 된다면 앞으로 닥쳐올 곤경에 맞설 수 있습니다. 등교거부를 과도기라고 생각하고 이를 기회 삼아 홀로 설 힘을 기르는 것이 중요합니다.

❸ 등교재개를 위해서는 원인 규명을 멈춰야 한다

등교거부를 서포트할 방법을 찾지 못하는 이유는 자꾸만 원인을 찾으려 하기 때문입니다.

사실, 원인이라고 생각하고 있는 것들은 그저 계기에 불과합니다. 진정한 원인은 아이의 마음 발달에 초점을 두어야만 찾을 수 있습니다.

몸이 성장하기 위해서는 영양분이 필요합니다. 식욕이라는 욕구에 의해 음식물을 섭취하고, 그 영양분으로 몸이 성장합니다.

같은 원리로 마음에도 영양분이 필요합니다. 마음의 영양분이란 애정과 인정욕구를 만족시키는 것입니다. 이로 인해 마음에 영양분이 주입되어 발달하는 것입니다.

마음이 발달하는 데 필요한 영양분의 결핍이 '등교거부'라는 형태로 나타나는 것이라고 생각합니다.

❹ 약으로 치료할 수 없는 마음의 영양실조

"선생님, 등교거부는 어떠한 병이 원인인 것 같으니 약으로 치료하고 싶어요."

병원에서 안정제를 처방받아 그럭저럭 회복한 아이도 분명 있습니다. 하지만 약에 의존하면 스스로의 힘으로 등교한 것이라는 자각이 없기 때문에 재발하는 경우가 많습니다. 지금껏 약에 의존해 등교하는 아이들을 몇 명이나 봐왔습니다. 이 아이들 중 대부분은 고등학교에서 다시 등교거부를 시작해 학교를 그만두게 되었습니다.

약에 의지하고 있는 아이를 서포트할 때는 우선 약에 대한 의존을 없애는 것부터 시작합니다. 다만, 부모까지 약에 의지하고 있어 협력을 얻지 못해 서포트할 수 없게 되는 경우도 있습니다.

약에 관한 이야기가 나오면 저는 이렇게 말씀드립니다.

"약도 좋죠. 어머님이 이렇게까지 고생하시니까 그러고 싶은 마음도 드실 거예요. 그런데 어머님, 약은 증상을 가볍게 만들 뿐이에요."

"……."

"약을 쓰기 전에 해야 할 중요한 일은, 자녀분이 홀로서기를 할 수 있도록 키우는 거예요. 약은 아이를 대신 키워주지 않거든요."

물론, 마음의 병이 생겼다고 의심될 경우에는 서둘러 진찰을 받을 것을 권해드리고 있습니다.

드디어 본론으로 들어갑니다. 부디 서두르지 말고 읽어주세요. 여기에서 확실히 이해해두지 않으면, 너무나도 간단한 방법이므로 도중에 혼란이 생겨 실패하게 될 수도 있습니다.

재차 얘기하지만 등교거부의 원인은 마음의 영양실조입니다. 다만 본인조차 마음의 영양실조가 등교거부로 이어진 것이라고는 깨닫지 못합니다.

학교에 가야 한다는 생각은 있지만 어쩐지 몸이 움직이지 않습니다. 본인의 의지와는 상관없이 몸이 움직이지 않게 되는 것입니다.

❺ 마음의 영양실조란
아이의 '자존감의 물'이 부족한 것

핵심은 마음에도 영양분이 필요하다는 사실입니다. 저는
이 영양분을 '자존감의 물'이라고 부릅니다. 아이들의 마음
속에는 컵이 있고, 이 컵 안에 자존감의 물이 담겨 있다고 생
각해주세요.

그리고 아이들은 매일 이 물을 사용해 생활하고 있으며
공부, 동아리 활동, 선생님이나 친구 관계에 물을 사용한다
고 간주합시다. 아이들은 자존감의 물을 사용함과 동시에
주변 사람들에게 인정받거나 부모님의 애정을 받으며 자존
감의 물을 보충하고 있습니다. 이렇게 아이의 마음속 컵은
언제나 자존감의 물이 가득 차 있고, 이것이 마음의 발달로
이어지는 것입니다.

그런데 어떠한 부적응 상태에 직면하면 평소보다 많은 양
의 물을 소모하게 됩니다. 마음의 컵이 큰 아이라면 그나마
여유가 있겠지만, 마음의 컵이 작은 아이라면 용량보다 많

은 물을 소모하게 되어 원래 상태로 돌아갈 수 없습니다.

　부적응 상태란 왕따 같은 등교거부의 계기를 말합니다. 이는 쉽게 해결할 수 없는 일이기 때문에 아주 조금씩 자존감의 물이 떨어져갑니다. 마음속 컵에 자존감의 물이 줄어들면 점점 더 부적응 상태를 극복할 수 없게 됩니다. 기운이 없으니 주변에서 칭찬을 받거나 인정받을 기회도 줄어들고, 이것이 반복되면 마음속 컵은 상당한 물 부족 상태가 됩니다. 이 상태까지 오면 아이는 판단력을 잃고 꼼짝도 할 수 없을 뿐 아니라 자신의 힘으로 어려운 일을 극복할 수 없게 됩니다.

　전에는 별일 아니라는 듯 쉽게 극복하곤 했던 사소한 일도 커다란 벽이 되어 아이의 앞을 가로막는 것입니다. 이 상태가 '등교거부'입니다.

　대체로 등교거부의 계기에만 초점을 맞춰 생각하기 십상이기 때문에 아이의 마음속 자존감의 물이 고갈되었다는 사실을 좀처럼 알아채지 못합니다. 또한, '아이의 마음속 컵에 담긴 자존감의 물이 부족하다'라는 생각까지 미치지도 못합니다.

❻ 등교거부의 메커니즘을 이해하는 것부터 시작하자

등교거부의 메커니즘은 아이나 부모, 선생님도 모릅니다. 때문에 부모는 아이를 강제로 학교에 보내려 하고, 아이는 학교에 가려 해도 발을 뗄 수가 없습니다.

등교거부를 하면 대부분의 아이들은 TV를 보거나 게임, 휴대폰, 인터넷 등 전자기기에 빠집니다. 남아도는 시간을 주체하지 못하기 때문입니다. 심심하다면 책을 읽거나 그림을 그려도 좋으련만 그렇게 하는 아이는 거의 없습니다. 마치 불안감을 외면하고 마비시키려는 듯이 전자기기에 빠져드는 것입니다.

그리고 차츰 밤낮이 바뀌어 생활 리듬이 깨지기 시작합니다. 보다 못한 부모가 인터넷을 끊으려고 하면 폭력성을 보이는 아이까지 있습니다. 눈빛이 변한 데다 말이 전혀 통하지 않아서 아이의 인격이 바뀌었다고 느끼는 부모가 있을 정도입니다.

저는 이 상태를 '등교거부의 밑바닥'으로 간주합니다. 등교거부를 하는 아이는 대부분 이 상태에 빠집니다. 그러면 보호자도 어떻게 대처해야 좋을지 몰라 아이를 학교에 보내는 것마저 포기합니다. 어떻게 보면 아이들에게는 '마음 편한 등교거부'가 되는 것입니다.

　이러한 상황에서 변화를 기다리라는 조언을 받아들이고 한결같이 기다리는 보호자도 많습니다.

　반대로, 집이 지내기 힘든 곳인 경우에는 등교거부가 아니라 비행을 저지르는 아이도 있습니다.

　비행의 길로 들어선 아이는 친구들이 있는 보금자리를 찾아내지만 그곳은 제대로 된 곳이 아닙니다. 그래도 그곳이라면 친구들에게 인정받으며 마음속 컵에 자존감의 물을 채울 수 있습니다. 하지만 그 물도 제대로 된 물은 아닙니다. 그 사실을 알면서도 모여 있는 것입니다. 성실한 학생으로 돌아가면 오히려 친구를 잃게 될 뿐이니까요. 친구를 잃으면 보금자리를 잃고 맙니다. 이 아이들에게 있어 외톨이로 돌아가는 것은 괴롭고 힘든 일입니다.

　왕따에 대한 지도를 한다거나 특별교실 등교, 또는 선생님이 직접 데리고 등교를 시킨다거나 하는 것은 필요한 일이기는 하지만 등교거부의 근본적인 해결책이 되지는 않습니다.

기다리라는 말에 다른 어떤 특별한 조치를 취하지 않고 등교한 아이들도 있습니다. 이런 아이들의 경우 등교하기까지의 과정을 잘 살펴보면 우선 부모님의 이해가 있었고, 느긋하게 쉬는 등 마음속 컵에 물이 채워질 만한 계기를 찾아볼 수 있었습니다. 담임선생님이나 친구들과 관계가 좋아 가정방문을 해주는 등 지지대가 잘 만들어져 있다면 자연스레 마음속 컵에 자존감의 물이 채워집니다. 그런 환경이 마련되었기에 학교에 갈 수 있었던 것입니다. 예를 들면, "친구 만드는 방법을 알게 되어 학교에 갈 수 있었다"고 말하는 아이도 있습니다.

이와 똑같이 하면 됩니다. 즉, 의도적으로 아이의 마음속 컵에 자존감의 물을 채우는 것이지요. 이 물을 채워줄 최고의 적임자는 부모입니다. 이 서포트는 아이를 키우는 일입니다. 그러니 아이의 마음속 컵에 자존감의 물을 채우는 일이나, 마음의 컵을 크게 만드는 일 또한 부모의 역할입니다.

마음속 컵에 자존감의 물이 채워지면 아이가 자신의 힘을 시험해볼 것입니다. 이 힘을 실감하면 스스로 문제 해결의 실마리를 찾아내 다시 학교에 가게 되는 것입니다.

2장

등교재개로 이끄는 3요소

**❶ 아이의 장점에 부모의 기쁜 마음을 더하면
자존감의 물이 된다**

마음속 컵을 채워줄 자존감의 물이란, 아이가 지니고 있는 장점입니다.

우선 아이의 장점을 찬찬히 찾아보세요.

자존감의 물을 만드는 일은 부모가 해야 합니다.

등교거부는 아이가 홀로서기를 하기 위한 양육과정입니다. 아이를 키우는 일을 다른 사람에게 맡길 수는 없습니다. 그러니 시설이나 남에게 맡긴들 등교거부는 해결되지 않습니다. 버림받았다고 생각해 마음에 깊은 상처가 남을지도 모릅니다.

자존감의 물을 만드는 것은 등교재개로 이어지는 가장 기본적인 핵심입니다.

이는 아이가 등교에 성공한 이후에도 부모로서 계속해야 하는 일이며, 언제든 무의식적으로 자존감의 물을 만들 수 있어야 합니다.

부모가 이 점을 확실하게 이해한 상태가 아니라면 일이 순조롭게 진행되지 못합니다. 대충 듣는 척만 하고 "알았어, 알았어." 하고 넘기면 오래가지 못하고 불안감만 더해져 도중에 그만두게 됩니다. 저도 그런 사례를 겪은 적이 있습니다. 그 아이는 결국 고등학교도 그만두고 연락마저 끊겼습니다. 들리는 바에 따르면 부모는 여전히 아이로 하여금 좋아하는 일을 하게 하면서 아이가 학교로 돌아가기를 기다리는 모양입니다. 이 아이와 같은 시기에 시작한 다른 아이는 벌써 고등학교를 졸업하고 대학생이 되어서 활기차게 살고 있습니다.

이런 차이는 어디에서 오는 걸까요. 부모가 끈기 있게 아이의 장점을 찾아내어 마음속 컵에 자존감의 물을 계속 채워주었느냐 그러지 못했느냐, 문제는 바로 여기에 있습니다.

아이의 장점을 찾을 때 부모와의 면담은 다음과 같이 진행합니다.

"어머님, 자녀분의 자랑거리와 장점은 뭘까요? 신문 광고 전단지 같은 곳에 '우리 가게의 자랑은 생선입니다'라고 쓰여 있죠? 그 자랑거리를 여쭙는 거예요. 자녀분의 자랑, 즉 장점을 세 가지 말씀해주시겠어요?"

이때, 등교거부 아이를 둔 어머니는 깊은 생각에 잠깁니다.

……침묵이 이어집니다. 저는 가만히 기다립니다.

기다리는 것도 상당히 중요한 시간입니다.

이윽고 어머니는 무거운 입을 떼고 대답합니다.

"착해요."

이것도 분명 '장점'입니다. 이대로도 좋겠지만 조금 더 구체적으로 물어봅니다.

"착하다고 느낄 때는 언제인가요?"

"음, 장을 보면 말없이 짐을 들어줘요."

"또 있나요?"

"제가 피곤해할 때면 요리하는 걸 도와줘요."

"다른 건요?"

이런 식으로, 착하다고 느낀 자녀의 말과 행동을 하나하나

떠올릴 수 있도록 시간을 들여서 물어봅니다.

"착한 일을 참 많이 하네요. 그럼 최근에 착하다고 느낀 건 언제인가요?"

"음, 어제 집에 돌아갔더니 빨래를 개고 있었어요."

"착하네요. 아이를 잘 키우고 계세요. 개어놓은 빨래를 보고 어머님은 어떤 기분이셨어요?"

"기뻤어요. 학교에 안 가는 걸 미안하게 생각해서 그런 건지, 빨래를 열심히 개더라고요."

"기쁘셨군요. 그 마음을 자녀분에게 전하셨나요?"

"'고마워.'라고 말했어요."

"빨래를 갠 사실과 '기쁜 마음'을 함께 말해주면 자존감의 물이 되는 거예요."

그때 그 자리에서, 부모가 보고 들은 아이의 말과 행동에 부모의 '기쁨'을 보태는 것입니다. 그렇게 하면 아이의 마음 속 컵에 자존감의 물이 채워집니다.

정리를 한번 해봅시다.

아이의 말과 행동을 그때 그 자리에서 칭찬하고 '세상에서 가장 행복한 부모'가 되기라도 한 듯 "엄마는 기뻐, 정말 기뻐."라고 덧붙이면 완성입니다.

마음을 덧붙이면 되는 겁니다. 간단하죠?

아이의 얼굴을 바라보며, "빨래 개주니까 기분 좋다. 엄마는 정말 기뻐."라고 말하는 거예요.

이때 '나는 세상에서 가장 행복한 엄마'라고 스스로 암시를 걸어야 합니다. 어두운 표정이나 피곤한 얼굴은 안 됩니다. 이 순간만큼은 어쨌든 '세상에서 가장 행복한 부모'가 되어 말해주세요. '세상에서 가장'이 핵심입니다. 아이가 초등학생이라면, 안아주면서 말할 때 자존감의 물이 더욱 불어나 효과적입니다.

"선생님, 그거 꽤 어렵네요."

"그래서 말씀드렸잖아요, 쉽지만 어렵다고. 하지만 이건 등교거부를 고치는 치료법입니다. 병을 낫게 하려면 약을 먹잖아요. 처방받은 약을 쓰다고 안 먹을 수는 없는 노릇이죠. 그러니, 어렵지만 한번 해봅시다. 이건 양육이에요. 부모라면 당연히 아이를 키워야 하잖아요."

"발소리까지도 자존감의 물로 만들 수 있어요. 발소리를 들으면 이렇게 말하는 거예요. '네 활기찬 발소리가 들리면 엄마는 정말 행복해져.'라고……."

"활기찬 발소리가 아니더라도 아이의 발소리를 듣고 기쁘다고 격려해주세요. 등교거부를 하면서까지 '나를 구해주세요, 엄마. 자존감의 물이 다 떨어졌어요.'라고 말하고 있잖아요. 이렇게 효심 깊은 아이도 없습니다. 그러니까 아이의 모든 움직임을 자존감의 물과 연결시킵시다."

밥을 먹는다거나 목욕을 하는 것도 아이의 움직임입니다. 이것을 부모의 행복한 마음과 연결시키면 전부 장점으로 만들 수 있습니다.

이것이 부모와 아이의 신뢰관계를 회복시켜줄 가장 중요한 물입니다. 확실하게 말해주도록 합시다.

❷ 아이의 장점에 '~하는 힘이 있다'를
   덧붙여 격려한다

간단하고 쉬운 '자존감의 물'에 대해 이야기해보았습니다. 쉽지만 계속해야 하는 일입니다.

이 단계가 가능해지면 다음에는 조금 고난이도로서 자존

감의 물을 만들어봅시다. 하지만 요령을 알면 이 역시 어렵지 않습니다.

이는 아이가 가지고 있는 장점을 찾는 일입니다. '능력'이라고 생각해도 좋을 듯합니다. 그림 그리는 것을 좋아한다면 그것을 인정하면 됩니다.

"이 그림 잘 그렸다. 너는 그림 그리는 능력이 있구나." 이런 식으로 말합니다.

제대로 관찰하다 보면 아이의 '좋은 점'과 '능력'을 알게 됩니다. 바로 그 점에 '~하는 힘이 있다' 혹은 '~하는 능력이 있다'라는 말을 더하는 것입니다.

거기에 '대단하다'라든가 '굉장하구나'라는 표현도 덧붙여봅시다.

'~하는 능력이 있다'라든가 '~하는 힘이 있다'라고 말하는 사이 바라는 직업 같은 것도 끼워 넣으면 장래에 그 방면으로 나아갈 가능성이 생깁니다.

도덕적인 것을 장점으로 만들면 그것이 몸에 배기 시작합니다. 이 역시 중요합니다. 부모의 사고방식과 행동방식이 그대로 아이에게 영향을 미치기 때문입니다.

필자도 어머니에게 자존감의 물을 받고 자랐다

어린 시절부터 전 그다지 머리가 좋은 사람은 아니었습니다. 남동생은 꽤나 똑똑했는데, 장을 보러 가면 가게 주인보다 계산이 빨라서 심부름 값으로 사탕을 받곤 했습니다. 운동도 잘하고 뭐든지 단번에 잘하는 아이였습니다. 그래서인지 고등학생 때 공부를 점점 소홀히 했고, 정신을 차리고 보니 학년 전체 중 뒤에서 열손가락 안에 드는 등수가 되어 있었습니다.

어머니와 아버지는 어릴 적부터 동생에게 "너는 부처님께서 좋은 머리를 주셨으니까 공부해서 의사가 되거라. 좋은 선물을 받았으니까 말이야."라고 말씀하셨습니다. 뒤에서부터 세는 게 빠른 등수가 되었어도 그 말씀을 계속하셨습니다. 그로부터 3년이 걸린 끝에 동생은 결국 의대에 진학했는데, 그동안 여간 열심히 공부한 게 아니었습니다. 항상 이불 속에서 '부처님이 좋은 머리를 주셨다'라며 스스로에게 계속 되뇌었다고 합니다. 지금은 옆 동네에서 내과 병원을 하는데, 매주 집에 와서 그런 이야기를 하고 갑니다.

제 이야기를 하자면, 시험 점수가 훌륭하지 않아도 어머니는 "너는 능력은 있는데 대기만성 형이야. 언젠가 꽃이 피겠지."라고 말씀해주셨습니다. 그런 말을 들으면 기분이 나쁘지는 않았기에 줄곧 그렇게 믿고 있었습니다. 얼마 전에 어머니께 그 이야기를 했습니다. "엄마가 대기만성이라고 그랬는데, 난 언제쯤 큰 그릇이 될까?" "내가 그런 말을 했었나?" 대화는 이렇게 끝이 났습니다.

또, 어머니는 제게 "너는 선생님이 되거라. 곤경에 빠진 친구들의 마음을 잘 아니까 좋은 선생님이 될 거야."라며 솜씨 좋게 암시를 걸었습니다. 시험 점수가 안 좋아서 곤란해 하는 친구들의 마음을 잘 이해한다고 하시기에 저는 초등학교 선생님이 되었습니다. 정말 그렇게 생각했죠. 등교 거부 학생들의 서포트를 시작하고 나서 '곤경에 빠진 친구라는 게 내 얘기였구나.' 하고 깨달았습니다. 어머니는 제게 이런 식으로 자존감의 물을 채워주었던 것입니다.

❸ 애정을 가지고 관찰한 후,
   아이가 주인공인 말을 건넨다

  등교거부가 오랜 기간 지속되면 친구들 중 아무도 집에 찾아오지 않게 되고, 학년이 바뀌면 선생님도 전화만 할 뿐 좀처럼 얼굴을 비치지 않습니다.

  그럴 때 친구가 놀러와주면 부모님은 무척 기쁩니다.

  그러니 부모님은 "친구가 와줘서 좋겠네."라고 말씀하시겠지요. 하지만 이것만으로는 아이에게 필요한 자존감의 물이 되지 못합니다.

  이것을 자존감의 물로 바꾸기 위해서는 아이를 '주인공' 으로 만들 필요가 있습니다. 조금 억지스러운 표현일수도 있겠지만 다음과 같이 말해봅시다.

  "친구가 왔네. 너는 친구를 끌어당기는 힘이 있구나. 멋지다."

  이런 식으로 관점을 바꿔서 아이를 주인공으로 만들면 자존감의 물이 됩니다. 친구를 끌어당긴 사실이 틀린 말은 아니니까요.

저는 이 '끌어당기는 힘'이라는 표현을 성인이 된 아들에게 아직까지도 사용하고 있습니다. 너무 자주 말해서 싫어할지도 모르겠습니다만, 칭찬받아서 병에 걸린 사람은 없으니 괜찮습니다.

요컨대, 아이를 제대로 관찰하여 관점을 바꾸어보면 자존감의 물은 곳곳에서 충분히 찾아낼 수 있습니다. 게다가 아이의 장점을 찾아내기 시작하면 아이는 부모의 시선을 강력하게 느끼게 됩니다.

'3요소'를 알기 전까지는 아이를 가만히 관찰할 일이 그다지 없었을지도 모릅니다. 그렇기 때문에 아이가 더욱 부모의 시선을 느끼는 것입니다. 이 시선은 부모의 애정입니다. '아이의 장점' 찾기는 마음의 영양분인 인정認定과 애정을 한꺼번에 채워줍니다. 이것이야말로 아이에게 있어서 커다란 자존감의 물이 되는 것입니다. 이 과정을 통해 부모와 자녀간의 신뢰관계가 재구축됩니다.

우리는 아이가 어릴 적 처음으로 말을 했을 때, 무언가를 잡고 일어섰을 때, 아이의 일거수일투족을 바라보고 감동하며 키워왔지요. 그때처럼 하시면 됩니다.

칭찬으로 키우기
· · · · · · · · · · · · · · ·

어느 교육 강연회에 초청받았을 때의 일입니다. 강연회
가 끝나고 여든 살 정도 되어 보이는 무척 정정한 여성 회
장님이 인사를 하러 찾아오셨습니다.

"오늘 선생님의 강연을 듣고, 제가 오랜 세월 안고 있던
고민이 해결됐어요."라고 말씀하시더군요. 그리고 회장님
의 이야기를 듣고 깊이 감동했습니다.

회장님에게 아들이 있는데, 일본 톱클래스 대학의 의학
부 교수입니다. 저도 TV에서 몇 번인가 본 적이 있습니다.
이런 아들이다 보니 많은 사람들이 아이를 어떻게 키웠냐며
거듭 물어보았다고 합니다. 회장님은 무어라 대답해야 할지
몰라 무척 난감했다지요. 그런 일이 자주 있었기에 회장님은
자신이 도대체 어떤 방식으로 아이를 키워왔는지 곰곰 생각
해보게 되었습니다. 오랜 세월 동안 마음속 깊이 이런 생각
을 품고 있다가 제 강연을 들으시고는 '아, 이게 바로 내 양
육방식이었구나.' 하고 깨달았다고 합니다.

회장님은 항상 아이를 잘 살펴보고 "이런 점이 좋아. 이런 힘이 있구나."라고 말해주었던 것입니다.

"엄마, 오늘 구구단을 배웠어. 4단이야."

"들려주렴."

"사일은 사, 사이 팔……."

"너 대단하다. 엄마가 깜짝 놀랐어. 다음에는 몇 단을 배우니?"

"5단이야. 나 혼자서 해볼게."

이런 대화를 나누었다고 합니다.

이는 아들의 장점·자질 찾기에 해당되겠지요. 무엇이든 좋은 점을 찾아내서 아들에게 매일매일 끊임없이 말씀하셨는데, 이것은 회장님에게 있어서는 평범한 일이었기에 아이를 키울 때 다들 이런 식으로 하는 줄 알았던 거예요. 그래서 "어떻게 키우셨나요?"라는 질문을 받아도 다른 사람들 역시 자신과 같은 방법으로 아이를 키운다고 생각하였기에 대답할 길이 없었던 것입니다.

80세가 되어서야 자신의 양육방법을 깨달으신 거죠. 사실은 정말 대단한 일을 하고 계셨다는 것, 그게 아이의 재능을 끌어내 길러내는 일이었다고는 생각지 못했던 겁니다.

'칭찬으로 키우기', 다들 알고 있기는 해도 좀처럼 실천하기 어려운 일입니다. 회장님도 부모님께 칭찬을 받으며 자라셨겠지요.

등교거부로 면담을 하면서 이 이야기를 꺼낼 때가 있습니다. 그러면 눈물을 머금는 어머님들이 꽤 계십니다.

"선생님, 저는 아버지한테서도 어머니한테서도 칭찬받은 적이 없어요. 그래서 제 아이를 칭찬하는 게 어려워요."라고 말씀하십니다.

이 이야기를 읽고 알 수 있겠지요? 아이를 '다시 키우는' 것이 등교재개로 이어집니다. 한 가지 더, 칭찬을 통해 학교로 돌아간 아이는 어른이 되어서 자신의 아이를 칭찬으로 키우게 됩니다. 양육방식이 바뀌는 것입니다.

○ 마음의 컵에 채울 자존감의 물이란 아이가 지닌 장점입니다.

○ 아이의 말과 행동을 그때 그 자리에서 '세상에서 가장 행복한 부모'가 된 기분으로 표현하는 것이 중요합니다.

○ 부모님이 자존감의 물을 채워주는 것은 등교재개로 이어지는 가장 기본적인 핵심입니다.

○ 등교거부는 아이의 홀로서기를 위한 양육과정입니다.

칭찬('장점' 일깨워주기)

아이의 장점을 세 가지 찾아서 전달하기

〰〰〰〰〰〰〰〰〰〰〰〰〰〰〰〰〰〰〰〰〰

❶ 칭찬이란 아이의 장점을 전달해 일깨워주는 것

아이의 장점을 매일 세 가지 이상 찾아내 그때 그 자리에서 마음을 담아 전하는 것, 이것이 칭찬입니다.

이로써 아이의 마음속에 자존감의 물이 채워지면 어느 날 갑자기 활동 스위치가 켜질 것입니다.

아이는 등교거부의 계기가 된 일에 대해 해결의 실마리를 스스로 찾아내고 직접 해결한 뒤 다시 학교에 가기 시작합니다. 하지만 자존감의 물이 제대로 채워질 때까지 변화를 느끼는 경우는 적을 것입니다.

실마리를 찾아내면 아이는 움직이기 시작합니다. 이 변화가 직접적으로 등교거부를 해결해주리라고 장담할 수는 없습니다. 산책이나 장보기 등 일상적이고 흔한 '부모 자식 간의 교류' 같은 것일 수도 있으니까요. 그런데 이를 건성으로 넘길 게 아니라, 부모로서 의견도 말하고 아이의 의견에도 귀 기울여 들어주어야 합니다.

사춘기 아이에게 있어서 이러한 교류는 무척 중요합니다. 또한 이는 칭찬을 위한 절호의 기회이며, 이 교류 속에서 등교재개를 위한 힘을 기른다고 할 수 있습니다.

중요한 것은 아이의 변화를 느끼지 못하더라도 지속적으로 칭찬을 해야 한다는 점입니다. 아이의 마음속 컵에 틀림없이 자존감의 물이 채워지고 있으리라 믿고 계속 나아간다면 등교재개로 이끌 수 있습니다.

이때 부모의 생활을 바꿀 필요는 없습니다. 평소와 똑같은 생활 속에서 하루 세 개 이상의 칭찬을 추가하기만 하면 됩니다.

하나의 장점을 칭찬하는 데는 20초도 채 걸리지 않습니다. 그러니 세 가지를 칭찬해도 고작 1분입니다.

칭찬은 이런 식으로 실행합니다. 이를테면 아이의 아침인사를 장점으로 들어 칭찬합니다.

"○○야, 네가 아침인사를 하는 목소리를 들으면 기운이 넘친다는 걸 알 수 있어서 정말 기뻐."

아이의 기운찬 목소리(비록 기운이 없더라도)를 들으면 기쁘지요. 그 기쁜 마음을 곁들여서 자존감의 물이 될 수 있도록 아이의 '아침인사'와 함께 말해주는 것입니다.

아이의 눈을 보고 '세상에서 가장 행복한 부모'가 된 기분으로 말을 걸면 됩니다. 설령 배우자와 싸웠다고 해도 칭찬을 할 때에는 그 일은 잠시 제쳐두고 행복한 부모 역할에 몰입하여 말하도록 합시다.

"아뇨, 그런 건 못 해요."라고 하면 안 됩니다. 칭찬은 등교거부를 고쳐주는 약이라고 생각합시다. "못 해."가 아니라 해야만 하는 일입니다. '세상에서 가장 행복한 부모'가 되어 다정하게 계속 말해주세요. 부모의 애정은 곧바로 아이에게 전달됩니다.

아이를 키우는 일은 예술과 같습니다. 좋은 작품을 만들 수 있을지 어떨지는 부모의 마음가짐에 따라 결정됩니다.

물론 아이 입장에서도 갑자기 칭찬을 받으면 당황스럽습니다. 그러니 아이에게 무시당해도 당연하게 생각하고 신경 쓰지 말아야 합니다.

"정말로 그렇게 생각해."라고 말한 다음 더 이상 아무 말도 하지 않아야 합니다.

등교거부 중인 고등학생에게 발소리 칭찬을 하신 어머니가 계셨습니다. "○○의 발소리를 들으면 엄마도 정말 즐거워진단다." 그랬더니 고등학생 아들이 "뭐야, 갑자기. 징그럽거든?" 하면서 무시했다고 합니다. 그래서 저는 어머님께 칭찬 요령을 전수해드렸습니다.

"바보 아니야?"라고 하더라도 "엄마는 진심이야."라고 가볍게 대답하면 됩니다.

이때 눈에는 눈, 이에는 이라는 생각으로 "부모한테 태도가 그게 뭐야? 네가 학교에 안 가서 걱정하는 거잖아."라는 말을 하면 자존감의 물을 채우기는커녕 오히려 물을 덜어내는 꼴이 됩니다.

아이에게 무시당하거나 쓴소리를 들어도 "진심이야."라고 말하며 동요하지 말아야 합니다.

부모님에게 칭찬받았다는 사실은 반드시 아이의 마음속 컵에 한 방울 자존감의 물이 채워집니다. 지금까지 이 방법을 실천해서 성공한 사례들이 여러 차례 있었기 때문에 자신감을 가지고 말씀드릴 수 있는 것입니다.

'기쁘다', '즐겁다'와 같은 칭찬을 3주 동안 계속해주세요. 3주 동안 매일 지속된다면 아이가 어엿한 성인이 될 때까지도 계속할 수 있게 됩니다.

초등학교 저학년이라면 3일 만에 태도의 변화가 나타납니다. 조금 더 큰 아이라면 처음 첫 주 동안은 칭찬을 미심쩍게 생각해서 "그런 말 해도 학교에는 안 갈 거야."라고 하는 경우도 있습니다. 그래도 끈기 있게 계속해서 "진심이야."라고 말해야 합니다.

3주 안에 어떠한 태도의 변화도 보이지 않았던 아이는 지금껏 없었습니다. 하지만 이렇게까지 해도 아이의 마음속 컵에 채워지는 물은 극히 소량입니다. 이 물을 이용해서 짧은 기간 내 다시 학교에 가기 시작하는 아이도 있지만, 그렇게 되면 겨우 모아둔 물을 하루 만에 전부 써버리고 말아 다음 날부터 학교에 갈 수 없게 됩니다. 이것은 당연한 일입니다.

개중에는 칭찬을 계속해서 수학여행을 간 중학생 아이도 있었습니다. 선생님도 부모님도 이로써 아이가 다시 학교에 갈 것이라고 기대했지만, 저는 '수학여행에서 자존감의 물을 다 써버려 또 한 달간은 집에 틀어박혀 있겠지.'라고 예상했고, 결국에는 그렇게 되고 말았습니다.

자존감의 물은 그리 간단히 채워지지 않습니다. 아이의 마음속 컵은 아직 한참 작아서 물은 금방 바닥이 납니다. 이제껏 그렇게 키워왔기 때문에 별수 없습니다.

이것은 아이를 키우는 일의 일환입니다. 세 달 동안은 지속적으로 물을 채워주도록 합시다. 아이의 마음속 컵의 크기를 키우는 것 역시 부모의 역할입니다.

❷ 하루 세 개 이상 칭찬하기

등교거부를 한 한 학생의 사례입니다. 칭찬을 시작했는데 좀처럼 변화가 보이지 않은 경우가 있었습니다. 그래서 어머님의 이야기를 들어보니, 칭찬을 매일 하지는 못하고 하루에 한두 개 정도만 했던 것입니다.

예를 들어 저녁밥을 먹으면서 "이 부분이랑 이 부분, 그 부분도 좋아."라는 식으로 세 가지를 한꺼번에 말한다고 할 때 효과는 볼 수 없습니다. 그때 그 자리에서, 세상에서 가장 행복한 부모의 마음을 담아 칭찬합시다. 한 개여도 안 되고, 두 개여도 안 됩니다.

경험으로 알게 된 것입니다만, 칭찬은 매일 세 개 이상이 아니면 좀처럼 효과가 나타나지 않습니다.

칭찬 이야기를 하다 보면 "선생님, 아이를 칭찬하는 거 맞죠?"라는 질문을 자주 받습니다. 칭찬하는 것은 맞지만, 칭찬은 아이가 지니고 있는 장점과 자질을 깨우치게 하는 것이 목적입니다. 그리고 무엇보다 사랑이 전제되어야 합니다. 이것을 통해 아이와 부모 사이에 신뢰관계가 형성됩니다.

마음의 영양분을 만들기 위해서는 인정認定과 애정이 필요합니다.

한 가지 더 중요한 이야기를 해두겠습니다. 칭찬을 하기 시작하면 아이의 사소한 말과 행동은 신경 쓰이지 않게 됩니다. 아이를 관찰하고 있자면 잔소리를 할 필요가 없어지기 때문이지요.

아이와 면담을 하면 "엄마가 요즘 잔소리를 안 한다."라는 말을 많이 합니다. 그래서 저는 부모님께 훈육은 해야 한다고 말씀드립니다. 잘못을 저지르면 깨우치도록 해야 합니다. 훈육은 반드시 필요합니다.

칭찬을 시작해보면 그간 자신이 얼마나 기분에 따라 아이를 혼내왔는지 알게 됩니다. 놀랍게도 이것이 아이의 마음 속 컵에 채워진 자존감의 물을 줄어들게 만드는 원인 중 하나였을지 모릅니다.

끊임없는 칭찬으로 이틀 만에 왕따가 해결되었다

어느 날, 초등학교 1학년 자녀를 둔 어머님께서 상담을 오셨습니다. 유치원 때부터 매일같이 왕따를 당해, 배를 걷어차이거나 머리를 맞는 등 심한 일을 당해왔다고 합니다. 담임선생님과 몇 번이고 상담도 해봤지만 결국 해결되지 않은 채 초등학교에 들어갔습니다. 초등학교도 유치원과 마찬가지로 반이 하나였기에 변한 것은 없었습니다. 아이는 이미 왕따를 당하는 역할로 굳어져 있었으므로 초등학교에 들어가서도 괴롭힘은 계속되었습니다. 끝내는 틱 증상까지 나타나 호흡정지발작이 오거나 괴성을 지르는 상황까지 이르렀습니다.

그 이야기를 듣고 왕따에 대해 설명해드렸습니다. 왕따는 괴롭힘 당하는 아이의 반응을 즐기는 경우가 많습니다. 다시 말하자면 고양이와 낚싯대 장난감 같은 관계이기 때문에, 이를 해결하기 위해서는 괴롭힘 당하는 아이의 반응을 바꿀 필요가 있습니다.

방법은 간단합니다. 부모님께 "아이의 마음속 컵에 자존감의 물을 계속 채워주세요."라고 말씀드리고, 아이의 장점과 자질을 칭찬하는 연습을 조금 해보았습니다.

다음 날은 토요일인지라 어머님도 아버님도 쉬는 날이었기 때문에 토요일과 일요일 이틀 동안 줄기차게 칭찬을 하였다고 합니다. 두 분이 함께 하였으니 상당히 많은 칭찬을 했겠지요. 그리고 월요일이 되었습니다.

아버님이 일을 일찍 마치고 귀가했습니다. 그런데 아이가 집에 돌아와서는 아무 말도 하지 않는 것입니다. 평소대로라면 집에 오자마자 엄마에게 괴롭힘 당한 일을 호소했을 텐데, 저녁밥을 다 먹고 나서도 아무런 말이 없었습니다. 부모님께서 두 분 다 참지 못하고 아이에게 물었습니다.

"오늘도 애들이 괴롭혔니?"……아이가 내뱉은 한마디. "괴롭히다니, 무슨 말이야?" 이 날을 기점으로 왕따가 멈추었고, 틱 증상도 서서히 사라졌습니다. 벌써 2년이 넘게 지났지만 왕따는 재발하지 않았습니다.

○ 아이에게서 변화가 보이지 않더라도 아이의 말에 귀 기울이며 칭찬을 지속할 것.

○ 부모의 생활을 바꿀 필요는 없다. 평소와 똑같은 생활 속에서 하루에 세 개 이상 칭찬을 기록할 것.

○ 부모님에게 칭찬받은 일은 반드시 아이의 마음속 컵에 한 방울 자존감의 물이 채워질 것이라는 사실을 믿고 3개월 동안은 계속 물을 채워 넣을 것.

○ 아이를 키우는 일은 예술과 같다. 좋은 작품이 완성될지 어떨지는 부모의 마음가짐에 달려 있다.

관찰기록을 남기는 것이 중요하다

그때 그 자리에서 구체적으로 마음을 담아 말 걸기

❶ 하루의 마무리로 칭찬 노트를 정리한다

매일 칭찬한 내용은 반드시 기록해두세요. 기록을 다시 살펴보면 아이를 어떻게 키울 것인가에 대한 아이디어가 샘솟을 것입니다. 이 기록을 육아수첩이라 생각하고 빠짐없이 써나가도록 합시다.

칭찬은 그때 그 자리에서 구체적으로 마음을 담아 하는 것이 중요한데 한 번의 칭찬에 20초 정도가 소요됩니다. 그리고 남은 40초를 이용해서 칭찬을 기록합니다. 기록은 잠자리에 들기 전에 하도록 정해둡시다. 칭찬 노트를 만들어 오늘 실행한 칭찬을 기록하세요.

하루의 육아는 칭찬 세 개를 기록하면서 마무리됩니다. 이게 전부입니다.

시간으로 따져보면 고작 3분 정도밖에 걸리지 않습니다.

'기억은 사라지지만 기록은 남는다.' 기록을 통해 아이의 상태를 확인하는 것입니다.

또 한 가지 중요한 사항이 있습니다. 하루 세 개의 칭찬을 기록할 때, 아이의 말과 행동 중에서 '평소와는 다르게 순조로웠던 것 같다'라든가 '왠지 평소와 다른 것 같다'라는 느낌이 들면 이를 기록합니다. 단, 결과가 좋았을 경우에 한합니다. 그 내용을 노트에 써놓으면 됩니다. 그리고 '이 아이는 이것을 하면 이런 반응을 보인다'라고 할 만한 점을 찾아가는 것이지요. 결과가 좋았던 것은 계속하고, 좋지 않았던 것은 하지 않도록 합시다.

칭찬을 기록하는 일은 아이를 다시 학교에 보내는 데 있어서 가장 필요한 작업입니다. 부모님과의 두 번째 면담부터는 이 기록을 바탕으로 진행합니다. 계속 기록을 남기다 보면 분명 등교재개로 이어질 테니 희망을 가지고 꾸준히 기록합시다.

다시 한 번 말하지만 부모가 평소 생활을 바꿀 필요는 없습니다. 부모에게 생활을 바꾸라고 한들 사실상 그것은 불가능한 일이기도 합니다. 생활을 바꾸지 않아도 좋으니 아이를 위해 단 3분만 시간을 할애해주세요. 그것만으로도 아이의 마음속 컵에 자존감의 물이 채워질 것입니다.

그리고 기록한 것은 직장에 가져가도록 합시다. 일하는 틈틈이 기록을 읽다 보면 매일 실행하고 있는 칭찬을 돌아볼 수 있어 아이는 물론 부모의 변화도 깨달을 수 있게 됩니다.

조금 조급해 하는 것은 아닌지, 부모의 뜻대로 하려 하고 있지는 않은지, 또는 '이건 면담할 때 물어보자.'라는 등 여러 가지 깨달음이 있을 것입니다.

'기록을 보고 생각하는 것'이 앞으로의 칭찬을 위한 의욕을 증진시켜주고 아이를 대하는 부모의 통찰력을 날카롭게 만들어줍니다.

아이를 가장 잘 알고 있는 사람은 매일 관찰하고 기록하는 부모입니다. 따라서 부모의 통찰력이 굉장히 활발하게 작용하게 됩니다. 여기까지 왔다면 이미 등교재개까지는 머지않았을 것이고, 학교로 돌아간 뒤에도 부모가 아이를 대할 때 어떻게 해야 좋을지 알 수 있을 것입니다.

어찌 되었든 계속 아이의 장점을 찾아내서 칭찬하고 기록

하면 됩니다. 그리고 그 기록을 보고 통찰력을 키워가는 것
이 부모가 해야 할 일입니다.

중학생 성공사례
· · · · · · · · · · · · ·

1년 반 동안이나 등교거부를 하고 방에서 나오지 않던
중학생을 사회복지사와 함께 찾아간 일이 있었습니다. 반
년이 지나도록 큰 변화가 없어 사회복지사가 병원 진찰을
제안했습니다. 제 입장에서는 칭찬을 하면 변화가 있을 거
라고 생각했지만 판단은 어머님께 맡겼습니다. 장기간의
'은둔형 외톨이' 상태였기 때문에 어머님도 견디다 못해 진
찰을 받기로 결정하고 병원을 예약했습니다. 그런데 예약
을 한 날, 아이가 갑자기 변하기 시작했습니다.

누나에게 부탁해서 머리를 자르고, 가족과 함께 식사도
하며 담소까지 나눌 수 있게 된 것이었습니다.

이야기를 들어보니 이 아이의 어머니는 8개월 동안이나
계속 칭찬을 해왔다고 합니다. 방에 틀어박혀 지내는 상태

였기 때문에 얼굴을 볼 기회가 거의 없어서, 아이가 화장실을 가거나 식사를 하기 위해 아래층에 내려오는 아주 짧은 시간을 이용하여 칭찬을 했던 것입니다. 제 말을 믿고 아이의 마음을 헤아려 칭찬을 계속 해나간 어머님께 절로 머리가 숙여지는 마음이었습니다. 변화가 보이기 시작했기 때문에 서포트를 나간 저 역시 내심 한시름 놓았던 것도 사실입니다. 그 뒤로 아이는 고등학교 입학시험을 치렀고, 지금은 정시제(야간·조조 등 특별한 시간을 이용하여 수업하는 제도—옮긴이) 고등학교에 진학했습니다.

❷ 약 복용은 부모를 대기 상태로 만든다

이 아이의 경우, 만일 병원에 갔다면 약을 복용했을 테고 이후 고등학교에 진학했을지 어땠을지 모르겠습니다. 저는 웬만하면 아이의 마음속 컵에 자존감의 물을 채워 '아이 스스로 해결의 실마리를 찾을 수 있도록' 유도하는 것을 서포트의 원칙으로 삼고 있습니다.

개중에는 이미 약을 복용하고 있는 아이도 있습니다만, 그래도 어딘가 모르게 불안한지 상담을 하러 찾아옵니다. 이때 부모는 아이가 가끔씩 학교에 가기는 하므로 문제가 거의 해결됐다고 여기기도 합니다. 하지만 아이는 '약을 먹어서 학교에 갈 수 있는 것'이라며 자신의 의지라고 생각하지 않습니다.

그렇게 약에 의지하면 약을 더욱 끊을 수가 없게 됩니다. "어젯밤에 약이 잘 안 들어서 잠을 못 잤어. 학교에 못 가겠어."라며, 컴퓨터나 문자 메시지를 하느라 못 잔 것에 대한 변명을 합니다. 진찰을 받고 약을 처방받은 것이니 부모는 아무 말도 할 수가 없습니다.

말하자면 부모는 아무런 노력도 하지 않고 완전한 대기 상태에 들어간 셈입니다. 이것은 부모가 아니라 약이 아이를 키우는 형국입니다. 그러니 부모가 온 마음으로 정성과 사랑을 쏟아 아이를 키워야겠다는 마음가짐이 생기지 않는 것입니다.

❸ 고등학교에서의 등교거부와 과거의 등교기피

과거에 등교거부를 했어도 고등학생이 되어서 다시 학교에 가는 아이들은 많습니다.

저는 고등학교에서 상담을 맡고 있기 때문에 자주 겪는 일입니다만, 칭찬을 하지 않아도 고등학교 진학을 하면 학교에 가는 경우가 발생합니다.

이 경우 1년 동안은 꼬박꼬박 학교에 가서 공부는 물론 동아리 활동과 학생회 활동까지 참여하며 학교생활을 활발하게 즐기는 아이도 있습니다. 그런데 2학년에 올라가기 전후로 하여 속도를 잃고 급격하게 추락하는 경우도 빈번하게 발생합니다. 그 어느 때보다 열심히 학교생활을 즐기고 있었는데, 정말이지 안타까울 따름입니다.

이 아이들의 선생님도 부모님도 (본인조차도) 어째서 그러한 지경에 이르렀는지 원인을 알지 못합니다.

면담을 통해 이야기를 들어보면 과거에 등교거부나 등교기피를 경험한 경우가 많았습니다. 등교거부에 포함되지 않는 '적응지도교실'에서 지낸 경험이 있는 아이도 있었습니다.

이 아이들의 경우, 혼자 힘으로 고등학교 입시에 합격했다는 사실을 통해 자존감의 물이 채워진 상태에서 희망을 품고 입학합니다.

하지만 계속해서 자존감의 물을 채워줄 만한 가정환경이 갖추어지지 않은 상태라면 입학한 뒤에 그 물이 제대로 보충되지 않습니다. 때문에 고등학교 생활을 하면서 점점 물이 부족해집니다. 그렇게 약 1년 동안 물을 모조리 써버리는 것이지요. 그래서 저는 보호자에게 "등교거부나 등교기피의 경험이 있는 아이는 입학할 때부터 마음속 컵에 물을 채워 주세요."라고 얘기합니다.

그렇게 하여 제가 지원을 나갔던 고등학교에서 등교거부로 인한 퇴학은 사라졌습니다. 학교 측에서 특별교실을 마련해 교실로 돌아가는 연습을 시키고 있습니다.

그러는 동안 저는 부모님과 면담을 하며 지원 방법을 조언해드립니다. 아이와의 면담에서는 '가까운 미래의 모습'을 그리고, 그것을 목표 삼아 작은 보폭으로 나아갈 수 있도록 지도하고 있습니다.

자신의 꿈을 설명할 수 있을 정도가 되면, 아이로 하여금 고등학교를 계속 다닐 것인지 아니면 진로를 변경할 것인지 스스로 결정하게 합니다. 학교를 그만두는 일은 없도록 하여 아이에게 다시 한 번 배움의 기회를 부여하는 것이 학교 상담사의 역할이라고 생각합니다.

○ 칭찬은 그때 그 자리에서 구체적으로 마음을 담아 하는 것이 중요하다.

○ 하나의 칭찬을 표현하는 데 20초 소요, 나머지 40초를 이용해 칭찬을 기록한다.

○ 매일 칭찬 세 개를 노트에 기입한다. 취침 전에 기록하는 습관을 들인다.

○ '기록을 보며 생각하는 것'이 부모의 의욕을 향상시키고 자녀에 대한 부모의 통찰력을 날카롭게 만든다.

3장

성공사례

이러한 서포트를 통해 학교에 가기 시작했다

등교거부 아이들의 서포트를 시작한 지 6년이라는 시간이 흘렀습니다. 그동안 수많은 아이들이 학교로 돌아갔습니다. 서포트한 아이들은 기간의 차이는 있었지만 모두가 등교재개에 성공했고 재발하는 일도 없었습니다.

매년 많은 아이들이 배움의 장으로 돌아가 충실한 생활을 보내고 있습니다. 이런 아이들의 모습을 직접 봐왔기 때문에 저는 자신감을 가지고 이 서포트 방법을 정리하여 여러분께 권해드리고자 합니다.

서포트를 받고 아이들이 등교재개를 하기까지의 과정에서는 대부분 공통점이 발견됩니다. 따라서 이 장에서는 수많은 사례들 중에서도 6년 동안 알고 지낸 A, 그리고 조금 다른 서포트 방법을 실시한 B와 C의 사례를 다루어 등교재개에 이르기까지의 과정에 해설을 덧붙였습니다.

A의 사례는 전형적인 등교재개 과정이므로 참고가 될 것이며, B의 경우 A와는 다른 부분도 있었기에 사례로 들었습니다.

C는 결석일수가 30일에 미치지 않는 등교기피(국내에서는 일반적으로 결석일수에 따른 등교거부·기피자를 따로 구분하지 않는다-옮긴이) 경우입니다. 따라서 '3요소'를 활용하여 등교거부를 예방할 수 있는 서포트를 실시했습니다.

최근 들어서도 B와 유사한 경우를 서포트하고 있는데 드문 경우이지만 2년 동안 상담해온 결과, 이제 막 해결 방법이 보이기 시작하려는 참입니다.

이 세 가지 사례를 참고하면 대부분의 등교거부는 충분히 서포트할 수 있습니다. 아이들의 등교재개 과정은 대체로 비슷하니까요.

또한 근래는 등교거부 관련 조기 지원을 실시하고 있기 때문에 학교로 돌아가기까지의 기간은 짧아지고 있습니다.

등교재개에 성공해 연극부에서 활약하고 있는 A

한층 더 큰 컵을 손에 넣어 희망하는 고등학교에 입학하다

❶ 왕따로 인해 중학교에서 등교거부를 하다

고등학교 3학년이 된 A가 상담소를 찾아왔습니다.

"선생님, 연극부에 들어갔어요."

"오, 멋지네. 어떤 역을 맡았니?"

"대도구 담당이에요. 톱으로 쓱싹쓱싹 하는 거예요."

예상도 못했던 연극부 이야기에 조금 놀랐습니다. 중학교 1학년 때 A는 왕따로 인해 학교를 다닐 수 없게 되었습니다. 초등학교 시절에 이어 중학교에 올라가서도 또다시 왕따를 당했던 것입니다. 학교 건물을 보는 것만으로도 A는 파랗게 질리도록 덜덜 떨면서 다리가 풀렸습니다.

연약했던 그때 A의 모습은 온데간데없이 사라지고 마치

다른 사람으로 다시 태어난 것 같았습니다. 한층 더 커진 마음의 컵을 손에 넣은 모양입니다. "이것이 A의 본래 모습이 겠지요."라며 어머님과 함께 기뻐했습니다.

왕따를 극복하는 요령 — 상대방이 기대하는 반응을 하지 않는다

왕따로 인해 등교거부를 하게 되는 경우는 많습니다. 부모님께 걱정을 끼치고 싶지 않아서 아무 말도 하지 않는다거나, 선생님께 말하면 오히려 문제가 악화되는 경우도 있기 때문에 아이들은 침묵을 지킵니다.

왕따는 상대가 정해져 있지 않은 경우도 많으므로 상대가 누구인지 모를 땐 벗어나려고 해도 그 상황을 모면하기 어렵습니다. 선생님이 상대를 파악해서 지도한다고 해도 또 다른 아이들이 괴롭히기 시작합니다. 같은 반이라면 조치를 취할 수 있겠지만 다른 반이거나 학년이 다르면 선생님도 주의를 주기 어렵게 됩니다.

어쨌든 괴롭힘을 당하고 있는 당사자를 강하게 만드는

것…… 이것밖에 없습니다. 그 방법이 바로 칭찬입니다.

요즘 왕따는 '장난'을 가장한 괴롭힘이 많습니다. '장난'을 당하는 아이는 그 역할을 내려놓지 않는 이상 계속 괴롭힘을 당합니다. 주변에서 지켜보는 아이들이 문자 메시지를 이용해 다른 학교 아이들에게 해당 학생의 정보를 전달하는 경우도 있고, 전철을 타고 통학하는 경우에는 얼굴 한 번 본 적 없는 타 학교 학생들조차 이 아이가 '장난의 대상'이라는 사실을 알고 전철 안에서 비웃음을 흘리기도 합니다.

그렇기 때문에 이 역할을 그만두려면 학교를 결석하는 수밖에 없는데, 이 현상이 지속되어 등교거부로 이어지는 것입니다. '장난'의 대상은 당사자가 결석한 사이 다른 아이에게 돌아가는 경우도 있습니다.

앞서 설명했듯이 칭찬을 통해 마음속 컵에 자존감의 물을 채우면 아이는 괴롭힘을 당해도 평소와 다른 반응을 보일 수 있게 됩니다. 시비를 걸어도 반응이 없다면 괴롭히는 쪽이야말로 더 이상 재미를 느끼지 못하겠지요. 왕따 문제는 이런 식으로 해소됩니다.

❷ '모자란 아이'라는 소문이 돌다

A는 중학교 입학을 기회 삼아 새롭게 시작하고자 했습니다. 그러던 찰나, 초등학교 때 왕따를 당했다는 소문이 교내에 퍼지고 말았습니다.

아이들은 왕따의 대상을 '장애아' 혹은 '모자란 아이'라 부르고, 상담실은 '모자란 아이나 가는 곳'이라 여깁니다.

A는 모자란 아이라고 불리기 시작한 무렵부터 왕따를 당했을 것으로 추측됩니다. 그러다가 결국 6월부터는 학교에 나가지 않게 되었습니다. 학교 측에서도 왕따에 관한 교육을 했다고는 하지만, 그것이 A의 등교재개로 이어지지는 않았습니다.

A는 신입생 테스트에서 상위권 성적을 거둔 우수한 학생이었는데 6월부터 등교거부를 하여 9월부터 상담소에서 서포트를 시작했습니다. 그리고 3개월 후인 이듬해, 겨울방학이 끝나고 다시 학교에 가기 시작했습니다.

그 후 A가 하느님에게 쓴 편지가 발견되었습니다. 편지에는 등교거부에 대한 괴로움과 슬픔이 끝도 없이 적혀 있었습니다. 우연히 찾아낸 편지를 읽고 어머니는 깜짝 놀랐다고 합니다. 아이의 마음을 눈치채기는커녕 울고 있는 아이의 팔을 붙잡고 억지로 학교에 보낸 자신의 모습이 떠올라 후회스러웠던 것입니다.

---

❸ 첫 면담─어머님께 드리는 위로의 말씀

A의 어머니께서 상담을 위해 저를 찾아오신 것은 9월 말이었습니다. 등교거부를 한 지 4개월이 지났을 무렵입니다. 그날은 늦더위가 기승을 부려 저녁 햇빛이 강했고, 면담실의 에어컨 상태가 양호하지 않았던 것을 기억합니다.

저는 등교거부의 원인을 찾지는 않습니다. 원인은 이미 알고 있습니다. 마음속 컵에 자존감의 물이 부족하기 때문입니다. 또한, 계기를 찾으려 해도 과거의 일은 이미 지나간 일이기에 이제 와서 어떻게 할 방법도 없습니다. A가 등교거부를 하게 된 계기는 왕따가 분명합니다. 다만 이것을 등교거부의 원인이라고 할 수는 없습니다. 그래서 어머님께 "아이는 현재 마음속 컵에 있는 자존감의 물이 떨어져 움직일 수 없는 상태"라고 말씀드렸습니다.

또한 등교거부 자녀를 둔 부모는 마음고생이 심할 것을 알기에 지금까지의 노고를 위로해드렸습니다. 등교거부가 4개월 가까이 계속되고 있었으니 어머님도 상당히 고민이 많아 보였습니다. 나중에 들은 이야기입니다만, '아이와 함께 바다에 뛰어들면 편해지겠지'라는 생각을 한 적도 있었다고 합니다.

"어머님, 고생하셨어요. 잘 오셨습니다. 어머니들은 참 힘들어요. 아이가 등교거부를 하면 마음고생이 이만저만이 아니죠. 선생님 눈치도 봐야 하고, 상담사에게 가정교육이 이렇다 저렇다 설명해야 하고, 게다가 남편에게서는 '당신이 애를 잘못 키워서 그래. 어리광을 다 받아줘서 그렇잖아.' 이런 소리나 듣고 말이죠. 그렇지 않아도 어머니는 힘든 처지인데 말이에요. 화가 나시는 것도 당연해요. 어머니는 누구보다 고생하고 있는데 아무도 그걸 몰라주고……."

그런 다음에 저는 이렇게 말합니다.

"마침 이런 때 등교거부를 해주다니 잘됐지 뭐예요. 엄마 걱정 덜어주는 효자네요. 회사에 입사해서 등교거부를 한다고 생각해보세요. 학교가 아니니 출근거부가 되겠군요. 며칠 뒤 회사에서 연락이 오겠죠. '댁의 자녀분 때문에 난처해졌어요. 내일부터 안 와도 됩니다.' 이걸로 끝이에요. 그런데 학교는 다시 시작할 수가 있어요. 어서 오라며 특별교실까지 따로 만들어서 불러주죠. 등교거부는 아이가 '엄마, 내 마음속 컵에 자존감의 물이 떨어져서 움직일 수가 없어요.'라고 신호를 보내는 겁니다. 굉장히 솔직한 아이에요. 이렇게 착한 아이도 없어요. 훌륭하게 키웠다고 자랑을 하셔야죠."

'자랑'이라는 생각지도 못한 말에 어머님은 놀랍니다.

"그런가요?"

"그럼요. '등교거부? 잘했어. 좋아, 기념으로 맛있는 밥이나 먹자.' ……이럴 정도는 아니지만요. 등교거부는 아이 양육의 기회라고 할 수 있어요. 아이가 홀로서기를 하기 위한 좋은 기회죠."

아이를 자랑하라니, 그런 말을 들어본 게 언제였던가 싶지만 그 한마디에 어머님은 어쩐지 마음이 놓입니다. 게다가 아이의 마음속 컵에 자존감의 물을 채우면 된다는 해결책이

나왔기 때문에 웃음을 띠기 시작합니다.

'좋았어, 알려준 대로 아이의 마음속 컵에 자존감의 물을 채워보자.'라며 기운이 샘솟습니다.

"한 번 더 말씀드릴게요. 학생이기 때문에 다시 시작할 수 있는 거예요. 직장에 들어가서 출근을 안 하게 되면 그야말로 큰일이죠. 지금 등교거부를 극복하면 앞으로 마주하게 될 어떤 어려움도 제대로 극복할 수 있습니다. 아직 학생일 때 등교거부를 해주다니, 정말로 효심이 지극한 아이예요. 분명 좋은 가정에서 자란 덕분이겠죠. 자신감을 가지세요. 좋은 가정이 아니었다면 등교거부도 하지 못해요. 자, 다시 한 번 아이를 키워봅시다. 두 번째 육아 말이에요. 이번에는 홀로 설 힘을 기르기 위한 육아입니다."

어머님은 제 이야기를 들으며 지금까지 혼자 마음고생 했던 일들이 하나씩 떠오르는 모양이었습니다. 게다가 양육방식에 관해 비난받으리라 각오하고 저를 찾아오셨던 겁니다.

이 기회를 빌려 말씀드리건대, 부모님들께서 사물에 대한 견해와 사고방식을 바꿔주시기 바랍니다. '등교거부라는 위기야말로 자녀 양육을 위한 절호의 찬스'라는 사실을 가슴에 새겨주셨으면 합니다.

이와 같이 어머님의 노고에 공감하는 한편, 이 면담이 문제 해결을 위한 발걸음으로 이어질 것이라는 점을 말씀드리고 첫 면담을 마쳤습니다.

어머님, 고생하셨어요

초기 면담에서는 우선 부모님의 노고에 공감해드립니다. 이 책을 이용해서 아이를 서포트하고자 하시는 분은 이 책 자체를 초기 면담이라고 생각해주세요.

여기까지 읽으셨다면 의욕도 충분히 솟았을 테니 자녀분의 장점을 찾아서 칭찬해주세요. 기록하는 것도 잊지 마시길 바랍니다. 기록을 남기는 것이 중요합니다. 다시 학교에 가기 전까지는 항상 그 기록을 돌아보고, 떠오르는 생각들을 여러모로 고민해보세요. 수월하게 진행된 것이나 아이의 행동 중 좋았던 점들도 메모합시다. 순조롭지 않았던 일은 적지 않기, 이 부분 또한 매우 중요합니다.

❹ A의 미래를 상상하고 마음속을 단계화하다

등교거부 상담을 할 때 처음부터 아이가 직접 오는 일은 거의 없지만, A의 사례에서는 등교거부 중인 본인과의 면담을 초기부터 진행했습니다.

아이가 직접 오지 않는 경우에는 아이에게 변화가 보이기 시작한 시점부터 본인 면담을 실시하며, 이때 면담 없이 학교에 가기 시작하는 경우도 많습니다.

본인과의 면담은 단계화를 통해 아이의 상태를 수치로 나타내고, 이를 토대로 '어떻게 해서 이 수치가 나왔는지'에 대한 이유를 묻는 과정부터 시작합니다. 그리고 '1점을 올리기 위해서는 무엇을 하면 좋을지' 구체적으로 묻습니다. 이렇게 해서 작은 발걸음으로나마 풀어낼 수 있는 해결의 실마리를 스스로 찾게 합니다.

상담자의 상태를 가시화하기 위해 0부터 10까지의 단계로 표시한다

0인 상태   0 1 2 3 4 5 6 7 8 9 10   최고 상태

다음 날 A가 면담을 하러 왔습니다. 병원에서 정기적으로 상담을 받아왔기 때문인지 면담이 익숙해 보였습니다. 이 날 면담에서는 아이의 장래희망 상상도를 그리게 했습니다. 자신의 미래 이미지를 그림을 통해서 구체화할 수 있다면 상상 속 미래의 모습을 향해 앞으로 나아갈 수 있습니다.

A는 "의료계열 직업을 갖고 싶다"라고 했습니다. 그 미래 이미지를 실현시키기 위해 현 시점에서 어느 정도 노력하고 있는지를 10단계로 나누어 표시했더니 결과는 2단계였습니다. 처음부터 10을 목표로 하기란 어렵기에 한 단계를 올리기 위해 지금 해야 할 일이 무엇인지 찾아보는 방향으로 이야기를 진행해나갔습니다.

A는 우선 '학교에 가지 않아도 공부는 계속하겠다'라는 것을 한 걸음 내딛기 위한 목표로 정했습니다. 상담소에서 공부하기를 희망하여 우선은 학습 태도를 관찰하기로 했습니다.

A는 워낙에 재능이 있는 아이여서 학습 서포트도 순조롭게 진행되었습니다. 다만 조금 신경이 쓰였던 점은, 스스로 찾아보지 않고 바로 질문을 한다는 것이었습니다. 이제껏 이런 식으로 공부를 해왔던 모양입니다.

A는 서포트를 시작했음에도 불구하고 점점 밤낮이 바뀐 생활로 빠져들었습니다. 늦은 밤 아무것도 나오지 않는 TV를 빤히 바라보거나, 컴퓨터에 푹 빠져들기 시작했습니다.

다시 학교에 갈 기미도 보이지 않고 자꾸만 생활 리듬이 틀어져갔습니다. 할머님께서 걱정이 되어 말을 걸었더니 들이받을 듯한 기세로 문을 거칠게 닫아버린 일도 있었습니다.

낮 동안은 상담소에서 쉴 새 없이 재잘거리던 아이가 집에서는 완전히 다른 모습을 보였던 것입니다.

이 무렵 그림 테스트로 '빗속의 나'를 그리게 했습니다. A가 그린 그림은 등교거부 아이들에게서 흔히 나타나는 유형으로, 얼굴이 없는 '막대 인간'이었습니다. 이 테스트를 통해서 A의 자신감이 결여되어 있다는 사실이 분명해졌습니다. 마음속 컵에서 자존감의 물이 사라져가고 있는 게 틀림없었습니다.

그림 테스트를 통해 마음속 들여다보기

. . . .

저는 보통 그림 테스트로 '빗속의 나'를 이용합니다. 이 테스트는 아이의
관찰을 돕는 데 사용됩니다. 테스트를 먼저 해버린다면 틀에 박힌 관찰
밖에 할 수 없게 되겠지요. 보호자에게 아이의 심리를 설명할 때도 이 테
스트를 제시하면 이해가 쉬워집니다. 비는 스트레스를 나타냅니다.

면담 시작 당시

등교거부 아이가 그린 몸이 없는 인
물. 스트레스로부터 보호해줄 우산이
없습니다.

등교재개 후 반년 경과

얼굴과 몸이 그려져 있고 표정도 생
겼습니다. 칭찬으로 인해 보호해줄
우산도 생겼습니다.

A의 생활은 밤낮이 바뀐 채로 지속되었고, 방 청소조차 하지 않게 되었습니다. 상담소에 올 때는 마음속 컵에 얼마 남지 않은 물을 필사적으로 사용했던 것이겠지요.

저는 그런 아이에게 공부의 즐거움을 알려주기 위해 사회 과목의 교외학습에도 데려갔습니다. 아이는 딱히 싫은 내색 없이 고분 주변이나 지역 자료관을 견학했습니다만, 지금 생각해보면 마음은 다른 곳에 가 있는 상태가 아니었을까 합니다.

상담소의 학습 서포트
. . . .

아이와 관련된 일을 가족에게 맡기면 결과적으로 그 가정에는 자녀를 양육할 힘이 길러집니다.

최근의 등교거부 서포트 사례들을 살펴보면, 이 책에 나오는 A나 이어 등장할 B 같은 경우보다 더 빠른 시간 내 학교로 돌아가고 있는 실정입니다. 또한 등교재개 후 유지 관리도 자연스레 이루어지고 있습니다.

부모가 칭찬할 만한 환경이 갖춰진 다음, 혹은 등교재개가 이루어진 후 필요에 따라 학습 서포트를 실시하고 있습니다. 학습 서포트의 목적 중 하나는 다른 아이들과 생활하는 데 익숙해져서 학교에 빠르게 적응할 수 있도록 모의교실의 역할을 하며 재활을 돕는 것입니다. 또 한 가지 목적은 학교생활의 즐거움을 깨닫게 하기 위함입니다.

　상담소는 학년이나 학교의 벽을 뛰어넘어 교류할 수 있고, 한 시간 내지 두 시간 동안 공동생활을 하는 곳입니다. 아이들은 직접 만든 과자를 가지고 오거나 쉬는 시간에 게임을 하며 즐겁게 지내고 있습니다. 이때는 상담소 직원에게 칭찬을 받게 되는데요, 아이들은 상담소를 "작지만 학교 같은 곳"이라고 말합니다.

　최근에는 과반수 이상의 아이들이 상담소를 학원처럼 이용하고 있을 뿐 아니라, 학습지도를 할 때도 칭찬법을 사용하기 때문에 성적까지 올라 인간교육의 장이라는 평판이 점차 높아지고 있습니다.

▶ 밤낮이 바뀐 생활은 등교거부의 밑바닥

대다수의 등교거부 아이들이 A처럼 밤낮이 바뀐 생활을 보내며 컴퓨터 게임이나 휴대폰 문자 메시지 같은 전자기기 이용에 푹 빠져듭니다. 그에 따라 생활리듬이 흐트러지면서 눈빛도 변하고, 부모님과의 문제도 잦아져서 마치 다른 사람처럼 느껴지기까지 합니다.

인터넷을 끊으려고 하면 난폭하게 굴거나 자해행위에 기물파손까지 이어져 방 벽이 구멍투성이가 되는 경우도 있습니다. 부모도 마찬가지로 상처가 아물 날이 없습니다.

저는 아이의 이러한 상태를 '등교거부의 밑바닥'으로 보고 있습니다. 이 변화는 많건 적건 간에 대부분의 아이들에게서 나타납니다.

이 상태에서도 계속하여 아이의 장점을 칭찬함으로써 자존감의 물을 채워주어야 합니다. 그렇게 되면 아이들은 서서히 생활을 변화시키고 등교거부의 밑바닥에서 올라옵니다. 물론 이 과정에는 시간이 필요합니다.

극적인 변화는 없을지라도 끈기 있게 칭찬을 하며 기다려야 합니다.

많은 부모들이 이즈음 불안감을 느껴 칭찬을 하지 못하게 됩니다. 하지만 부모하고의 문제와 칭찬은 별개로 생각해야 합니다. 어떠한 일이 있어도 하루 세 개의 칭찬은 지속해야 합니다.

---

❺ 할머니는 A의 소중한 자원이라는 사실을 깨닫다

A의 상태에 관해서 상담소 직원들과 몇 번이고 회의를 거듭했습니다.

그러면서 칭찬의 방향성을 다시 생각해보자는 결론이 나왔고, 일의 진전을 위해 엄격한 할머님의 행동을 조금이나마 바꾸는 것이 좋겠다고 판단했습니다.

할머님의 말씀은 아이를 위하는 마음에서 비롯된 표현이라는 사실을 어머님을 통해 알고 있는 상태였기 때문에, 만약 할머님이 태도를 바꾸지 못한다 하더라도 칭찬에 협력해주신다면 다행이라고 생각했습니다.

할머님과 면담을 하게 되었는데 할머님께서는 선뜻 상담소에 와주셨습니다. 이로써 A의 칭찬이 순조롭게 진행될 것이라는 희망을 가졌습니다.

할머님은 굉장히 꼼꼼하고 성실한 분이셨습니다. 밤낮이 바뀐 생활을 하는 손자를 이해할 수가 없으셨던 것이지요. 그래서 좀처럼 학교에 가려고 하지 않는 손자를 큰 소리로 꾸짖으며 격려하셨습니다. 그 마음을 모르는 것은 아니지만 이 상황에서 적절한 행동이라고는 할 수 없었습니다.

그래서 아이에게 말 거는 방법을 조금 바꾸시도록 부탁드렸습니다. 어머님께서 설득해주기로 했는데, 친정어머니였던 관계로 적잖은 어려움이 있었습니다. 모녀싸움으로 번지고 만 것입니다. 한 가지 다행인 것은 어머님이 아이를 이해하고 있다는 점이었습니다. 이렇게 애정이 깊은 멋진 어머님이 계셨기에 아이는 스스로의 힘으로 등교재개를 이룰 수 있었던 것이겠지요.

한편 제 앞에서 눈물까지 보이며 손자를 걱정하시는 할머님을 확실하게 칭찬해드렸습니다.

▶ 차분하게 귀 기울여 할머니의 속마음을 듣다

할머님과의 면담에서는 A의 서포트에 이용할 수 있을 만한 할머님의 장점 찾기를 진행했습니다. 할머님의 표정이나 행동, 말의 억양 등을 세밀하게 관찰해보았습니다. 비난받을지도 모르는 일인데 선뜻 상담소에 와주신 점은 할머님의 매우 중요한 장점입니다. 이 장점은 다양하게 이용할 수 있습니다.

제 면담에서는 원인 규명을 하지 않기 때문에 누구도 책망하지 않습니다. 울고 웃으며 이야기를 나누다가 마침내는 다들 어떻게 하면 좋을지 깨닫고 안심하며 돌아갑니다.

'어깨의 짐을 내려놓다'라는 말이 있지요. 면담이 끝나면 누구든지 어깨가 가벼워집니다. "선생님이 기운을 북돋아주었다"라며 기분 좋은 말씀을 많이들 해주십니다. 면담 시간에 늦은 경우 "15분만이라도 이야기를 하고 싶다"며 찾아오시는 분들도 계십니다.

면담이 이런 방식이기 때문에 할머님은 지금까지의 속마음을 전부 털어놓으셨습니다. 면담 시간의 반 정도인 40분은 할머님의 독무대였습니다. 관객이 된 저는 눈을 크게 뜨고 귀를 기울이며 과장되게 맞장구를 칩니다.

"그렇게 힘드신 와중에도 손자 걱정을 하시네요."

"할머님은 그런 고생을 하며 공부하셨군요. 손자분도 재능이 상당히 많아요."

"와! 저는 흉내도 못 내겠어요. 능력이 굉장히 좋으시네요. 그리고……."

이렇게 칭찬으로 장단을 맞춥니다. 옆에서 들으면 꼭 만담을 주고받는 것 같겠네요.

할머님의 독무대가 끝날 즈음을 가늠해서 다음 장면으로 전개를 이끌어갑니다.

▶ **손자를 위해 앞으로의 방침을 함께 이야기하다**

할머님이 마음을 열어주신 시점에서 A의 장점 찾기와 칭찬에 대한 설명을 시작합니다. 면담에서는 장점을 '자랑거리'라고 표현하며 설명합니다.

"할머님. A의 자랑거리, 다시 말해서 장점은 무엇인가요?

세 가지만 말씀해주시겠어요?"

할머님은 조금 생각하십니다.

"음, A의 자랑거리 말이죠? A는 꽤 똑똑한 아이예요."

"할머니를 닮아서 똑똑한가 보네요. 그런데 어떤 때 똑똑하다고 느끼셨나요?"

"신입생 평가에서 전교 8등이었어요."

"굉장하네요. 아무나 못하는 건데 말이죠. 칭찬은 제대로 해주셨나요?"

"아마 그랬을 거예요."

"그렇군요. 다른 것도 있나요?"

이렇게 차례차례 질문하며 구체적으로 이야기를 이끌어냅니다. A의 자랑거리를 찾음과 동시에 사실상 할머님은 A가 어떤 아이였는지를 다시금 파악하게 되는 것입니다.

"잘 지켜보고 계시네요. 손자분은 장점을 많이 가지고 있군요. 조금이라도 빨리 학교로 돌려보내고 싶으시죠? 할머님께서 도와주신다면 그렇게 할 수 있어요."

할머님은 연신 고개를 끄덕이십니다.

"할머님께서는 아이를 학교로 돌려보낼 힘이 있어요. 저는 할머님의 이야기를 듣고 감동했어요. 아이의 장점을 그렇게나 자세히 살피고 계셨군요."

눈물 흘리며 손자를 걱정하고 계신 할머님을 확실하게 칭
찬해드렸습니다.

조금 틈을 두고 할머님께 차근차근 이야기를 꺼냅니다.

"그런데요, 이대로 가만히 기다리고 있어봤자 학교에는
안 갈 거예요. 지금처럼 계속 집에만 있을지도 몰라요. 아이
가 마흔이 넘어서도 말이죠. 외톨이가 될 수도 있어요."

이렇게 살짝 협박도 해보았습니다.

"선생님, 어떻게 해야 하나요?"

할머님이 제 말에 관심을 보이기 시작했습니다.

"할머님이라면 쉽게 하실 수 있어요."

"그래요?"

"할머님께서 지금 말씀하신 것들, 아이의 장점을 하루에
세 개씩 찾아서 말해주고, 그 장점들을 종이에 쓰기만 하면
되는 거예요."

"그게 다인가요?"

"그게 다예요. 아이의 마음속에 자존감의 물이 담겨 있는

컵이 있다고 생각하세요. 아이는 자존감의 물을 원동력으로 학교생활을 해왔는데, 왕따를 당해서 물을 너무 많이 써버렸어요. 집에서 물을 채워주고는 있지만 그 물로도 부족해진 거예요. 그래서 결국 움직일 수가 없어 등교거부를 하게 된 거고요. 학교에서도 여러모로 신경을 써주어 왕따를 주동한 아이들이 사과하러 오기까지 했잖아요? 그런데도 학교에 가지 못하는 이유는 자존감의 물이 부족하기 때문이에요. 할머님께서 아이의 장점을 찾아 일깨워주시면 그게 자존감의 물이 되어 마음속 컵에 채워지는 거예요. 물이 채워지면 움직일 거고요. 그러니까 한번 해보지 않으시겠어요?"

"할 수 있을까요?"

"쉬운 일이에요. 칭찬받아서 나쁠 건 없잖아요. 다만 이 방법을 믿고 실천하셔야 해요. 아이의 장점을 찾아서 진심을 담은 말로 전달해주세요. 할 수 있으시겠어요?"

"할게요. 손자를 위한 일인걸요."

이 단계까지 오면 대부분의 보호자들은 의욕이 충만해집니다. 그렇게 되면 과거의 성공사례들에 대해 구체적인 예를 들어가며 설명합니다. 마지막으로 칭찬을 기록할 노트를 전달합니다.

"그날그날 칭찬할 거리를 찾아서 하루 세 번 아이에게 칭찬한 내용을 여기 쓰시면 됩니다. 평소와 다른 태도를 보이면서 반응이 좋았다고 느끼셨다면 기록하세요. 그렇게 느꼈을 때만 쓰시면 돼요. 아이의 장점을 칭찬하는 거예요. 그걸 찾으면 그때 그 자리에서 구체적으로 말씀해주세요. 세상에서 가장 행복한 할머니가 된 기분으로요. 다소 과장되게 '기쁜 마음'을 덧붙이는 걸 잊지 마세요. 그리고 잠자리에 들기 전 이 노트를 하루에 한 장씩 쓰세요. 우선은 2주 동안 열심히 해보세요. 이 노트에 손자분의 미래가 달려 있을지도 모르니까요."

▶ **할머니가 먼저 대화를 시작하다**

다른 사람의 단점을 찾는 것은 생각보다 쉽지만, 장점을 하루에 세 개씩이나 찾기란 그 사람을 정성껏 관찰하지 않는 이상 좀처럼 어려운 일입니다.

더군다나 아이가 밤낮이 바뀌어 방에서 나오지도 않는 상황이라면, 언제 장점을 찾아 칭찬할 수 있을까요. 고려해볼 수 있는 것은 화장실 갈 때, 밥 먹을 때, 상담소를 오가는 시간 등이었습니다. (어머님은 밤 시간에 일을 하기 때문에 할머님이 동행하시는 경우가 많았습니다.) 지금까지 아이와 할머님은 상담소로 오는 차 안에서 서로 대화가 없었는데, 그날부터 할머님께서는 필사적인 심정으로 장점을 찾아 서투르게나마 아이에게 말을 걸기 시작하셨습니다.

아이가 반응이 없더라도 포기하지 않고, 심지어 웃는 얼굴로 이야기하셨습니다.

이전까지는 내키는 대로 잔소리를 하곤 하였으니 할머님의 노력은 이만저만이 아니었을 것입니다.

하지만 저는 할머님이라면 해낼 수 있을 거라고 생각했습니다. 앞서 얘기했듯이 면담에 선뜻 와주셨고, 아이의 '자랑거리'도 구체적으로 설명하셨기 때문입니다. 무엇보다 '사람은 이렇게 살아야 한다'라는 정론을 말씀하시는 분이었기에 당신께서도 한번 결정한 일은 실행에 옮길 거라고 생각했습니다. 지금까지 그런 식으로 열심히 살아온 것이겠지요. 그것이 할머님의 장점(자원)입니다.

2주 뒤 할머님께서 칭찬 노트를 가지고 오셨습니다. 예상대로 매일 성실하게 기록을 하고 계셨습니다.

"할머님, 이렇게 제대로 쓴 사람은 지금까지 한 명도 없었어요."

"엄청 힘들었어요. 아무리 찾아봐도 장점이 없는 거예요. 그래도 어떻게든 세 개는 찾아서 적었어요. 밤에 자기 전에 한잔하면서요."

"와, 그거 좋네요. 재미있죠?"

"쓰다 보니 그 애가 가여워져서 야단도 많이 못 치겠더라고요."

'좋아, 순조롭게 진행되고 있군.' 장점을 말해주는 것은 물론이거니와, 할머님의 말수를 줄이는 것도 또 하나의 목적이었습니다. 게다가 손자를 잘 관찰하고 계셨기 때문에 칭찬도 차차 일상적으로 할 수 있게 되리라 믿었습니다.

"그럼 할머님, 어떤 것을 칭찬하셨는지, 첫날부터 순서대로 읽어주시겠어요?"

칭찬을 기록한 노트를 토대로 A를 돌아봅니다.

"우선 상담소로 가는 차 안에서 '학교는 안 가지만 상담소에 가서 열심히 공부하는구나, 장하다.'라고 했어요. 그런데 아무런 대답이 없어서 사실 속으로 짜증이 좀 났어요."

"그런데도 아무 말씀 안 하신 거죠? 오케이, 좋아요. 그런데 할머님, '학교는 안 가지만'이라는 말씀은 하시면 안 돼요. 이건 칭찬이 아니니까 상대방의 입장에서는 듣기 싫을 거예요. 다른 사람이 싫어할 만한 말은 꺼내지 않는 편이 좋아요. 아니면 반대로, '학교에 가든 안 가든 A는 공부를 좋아하는구나.'라는 식으로 칭찬하시는 거예요. 이게 칭찬의 원칙이에요."

"그리고 화가 났지만 아무 말씀도 하지 않으셨다니 정말 잘하셨어요. 그 점이 칭찬에 있어서 아주 중요하거든요. 할머님, 잘하셨어요. 대단하세요!"

이런 대화를 주고받으며 2주 동안 기록한 내용에 대해 그때그때 상황에 맞게 칭찬 방법을 수정했습니다.

할머님을 A의 전담 지도사로 만들기 위해 훈련을 하는 것입니다.

"그럼 다음 2주일도 잘해봅시다. 다음번엔 칭찬 끝에 '힘이 있다'라는 말을 넣어보세요. 힘이에요, 힘!"

"아이를 위해서죠? 해볼게요."

이와 같이 할머님께서는 칭찬을 계속하게 되었고, 또 다른 한편으로는 어머님의 칭찬도 지속되고 있었습니다.

A의 칭찬 환경은 이렇게 만들어져갔습니다.

~~~~~~

❻ 유아퇴행은 '다시 키우기'의 시작

이 가운데 A는 매일 상담소에서 공부를 이어갔습니다.

그러던 어느 날 아이는 상담소에 오자마자 뛰쳐나가듯이 집으로 돌아갔습니다. 집까지의 거리는 8킬로미터 정도로, 쉽게 걸어서 갈 수 있는 거리가 아닙니다. 차를 타고 따라가 돌아오도록 설득했지만 아이는 도무지 들으려고도 하지 않았습니다. 12월의 해가 질 무렵이었기에 주변은 완전히 어두워져 있었고 헤드라이트를 켠 차들도 많았습니다. 사고 위험도 있었기 때문에 데리고 돌아가기를 포기하고 할머님께 연락해 뒷일을 부탁드렸습니다.

예상 밖으로 A는 다음 날도 상담소에 왔습니다.

어쩌면 A에게 변화가 일어나고 있는 것인지도 모르겠다
는 예감이 문득 들었습니다.

나중에 이야기를 들어보니, 결국 집까지 8킬로미터를 걸
어서 돌아갔던 모양입니다. 다리 근육통 때문에 절뚝거리면
서 말하는데, 어쩐지 자랑처럼 들렸습니다.

할머님의 협조를 받아 가정에서도 칭찬해주기 여건이 조
성된 이 무렵에 어머님은 "이제는 아이가 TV를 보면서 자주
웃는다."라는 기록을 남기셨습니다. 다만, 그 방송이 유아용
프로그램이라든가 유치원생이나 볼 법한 애니메이션이었다
는 점! 중학생들이 보는 방송과는 거리가 멀어 어딘지 모르
게 어린아이가 된 것 같은 느낌을 받으셨다고 합니다.

그 후로 A에게 큰 변화는 없었고, 밤낮이 바뀐 생활은 엎
치락뒤치락했습니다.

▶ **유아퇴행의 경향을 보이거나 부모의 반응을 시험하는 아이도 나타난다**

칭찬을 시작하고 어느 정도 지나면 아이가 갑자기 어린아
이처럼 굴거나 부모가 아이에게 시험을 당하는 것 같은 상

황이 발생합니다.

어린아이들이 보는 TV 프로그램이나 DVD에 푹 빠져 있는 아이, 부모의 무릎 위로 올라앉는 아이가 있는가 하면 심지어 어머니의 배 속으로 돌아가 양수 안에 머물듯 12시간 이상 욕조에 들어가 있는 아이도 있습니다. 부모와 함께 산다거나 어머니의 배 위에 머리를 올리고 "지금 태어났어."라며 태어나는 장면을 연기하는 아이도 있습니다. 어렸을 때 가지고 놀던 장난감을 꺼내 와서 하루 종일 노는 아이, 중고등학생이 되어서도 어머니와 아기 말투로 대화를 한다거나 어머니의 손가락을 빠는 아이, 예를 들자면 끝이 없습니다. 칭찬을 시작하면 연령에 상관없이 이러한 유아퇴행 상태에 빠지고 맙니다.

저는 이런 상태를 '아이들이 다시 자라기 시작한 것'이라고 간주합니다.

이러한 증상은 얼마간 지속되지만 칭찬을 지속해나가다 보면 어느 틈엔가 사라집니다.

한 가지 더 말해두자면, 칭찬을 막 시작했을 때 자주 보이는 증상으로 아이가 부모를 떠보는 경향이 있습니다.

지금까지 자신이 인정을 받아왔다거나 사랑받고 있다는 느낌이 거의 없었기 때문에 정말로 부모에게 인정받고 있는지를 시험하는 것입니다.

예를 들면, 한밤중에 "초밥이 먹고 싶으니까 사다줘."라고 생떼를 부린다거나 "그런 말 해봤자 공부 안 할 거야."라고 하는 아이도 있습니다. 인터넷을 끊자 "인터넷 연결해주면 학교에 갈게."라고 조건을 내거는 경우도 있고요.

그러니 부모는 유아퇴행을 '변화의 징조'라 생각하고 대응하면서 아이가 떠보는 것 같다 싶을 때 가능한 한 요구를 들어주면 됩니다. 다만, 불가능한 일은 제대로 이유를 설명하고 거절해야 합니다. 그 이상은 싸움으로 번질 수 있으니 아이의 말에 넘어가서는 안 됩니다. 유아퇴행이 발생하면 칭찬의 효과가 나오는 증거라 여기고 앞날에 기대를 걸어봅시다.

밤낮이 바뀐 생활에 빠져 인터넷 의존도가 높아지는 등 흐트러짐은 있었지만 A가 상담소에 계속 다니고 있다는 것 자체가 변화의 징조입니다.

❼ 공동행위 — 부모와 아이가 함께 행동해
   학교에 갈 힘을 기르는 중요한 시기

아이들의 상태가 한 발 한 발 계단을 올라가듯이 회복되는 경우는 없습니다. 마음속 컵에 물이 채워져서 활동 스위치가 켜질 때까지는 대부분 변화를 느끼지 못합니다. 이는 모든 사례에서 공통적으로 관찰되는 부분입니다.

칭찬을 해도 분명한 효과가 나타나지 않는 바로 이 시기에 끝내 포기하고 마는 부모들도 있습니다.

어느 날, 등교거부 아이와 면담을 하다가 중요한 사실을 깨달았습니다. 지금까지는 칭찬을 시작하고부터 다시 등교하기까지의 과정을 확실히 파악하지 못했었는데, 그 과정이 분명하게 보이기 시작했습니다.

사실 이 시기에 아이는 해결의 실마리를 찾고 있는 것입니다. 이 변화가 직접적으로 등교거부 문제를 해결해주리라고 단정 지을 수는 없습니다. 다만 아이는 부모와 함께 하는 활동을 통해 학교에 가기 위한 힘을 기르고 있는 것으로 추측됩니다.

그 활동이란 함께 산책을 하는 것일 수도, 함께 요리를 하는 것일 수도 있습니다. 또 등교거부에 관한 토론이 될 수도 있고, 등교에 대한 불안감을 이야기하는 것이 될 수도 있습니다. 아이에 따라 가지각색인데 그것들이 되풀이됩니다.

부모 자식 간의 당연한 일상생활이지만 이를 건성으로 해서는 안 됩니다. '만약 ~한다면 ~해줄게.' 같은 내기를 걸어서도 안 됩니다. 아이와의 신뢰관계는 칭찬을 통해 형성되고 있으니 아이가 의견을 요구해올 때 부모로서 사물을 보는 견해나 사고방식, 행동 양식을 제시해주면 됩니다. 어려워 보이지만 부모와 아이가 일상생활을 함께 생각하며 보내기만 하면 되는 일입니다.

무엇보다 이러한 '부모와 아이의 공동행위'는 아이에게 적합한 칭찬을 할 수 있도록 만들어줍니다. 등교재개와 직접적으로 결부되는 것이 아닌 일상 속 생활인 만큼 부모가 불안해지는 시기이기도 합니다. 부모 자식 간의 공동행위는 아이가 어린 시절에 필요로 했던 스킨십과 같은 것으로 생각할 수 있습니다. 이는 사춘기 아이에게 특히나 중요합니다. 이 과정 없이 등교재개는 불가능합니다.

❽ 대부분의 아이가 전자기기 중독에 빠진다

저는 A의 생활에서 인터넷을 차단해야겠다고 판단했습니다. 어머님과의 상의 끝에 TV나 인터넷 이용 시간을 지키지 않으면 며칠 동안 금지시키도록 했습니다. 즉 아이와 인터넷 이용 관련 약속을 하고, 이를 어길 시 벌칙을 부여하는 것입니다. 이러한 약속은 어떤 것이든 처음부터 해두어야 합니다. 이는 등교거부 아이를 대할 때의 핵심입니다.

약속은 당연하다는 듯이 그날 바로 어겨졌고, 벌칙도 지켜지지 않았습니다. 그래서 어머님은 TV의 전원 코드를 고칠 수도 없게 잘라버렸습니다. 한밤중 방송이 종료된 뒤에도 아이는 하얗게 비치는 화면을 뚫어져라 쳐다보고 있었던 겁니다. 그런 아이를 보고 이대로는 안 되겠다 싶었겠지요. 그래서 가족들까지 TV를 못 보게 될 줄 뻔히 알면서도 코드를 자른 것이고요. 이 일을 통해 어머님의 굳은 결의를 짐작할 수 있었습니다.

어머님의 이런 의연한 태도는 훗날 다방면에서 아이를 구제하게 됩니다. 이 또한 어머님이 가지고 있는 장점입니다.

엄마가 일을 그만두고 집에 있어도
아이에게 변화는 일어나지 않는다

시간이 지나도 큰 변화가 보이지 않으면 일을 그만두고 아이에게 붙어 있어야겠다고 생각하는 어머님들도 계십니다.

저는 부모가 생활의 기본 틀을 바꿀 필요는 없다고 봅니다. 아이는 자신이 처한 환경 속에서 등교재개를 이루어내야 합니다. 부모도 마찬가지로 그 환경 속에서 아이를 키우는 것이 기본입니다.

A의 어머님도 전직을 고려하셨지만 저는 권하지 않았습니다. 만일 그때 회사를 옮겼다면 지금쯤 후회하고 있을 것입니다. 최근 사례입니다만, 일을 그만두고 등교거부 자녀 곁에 붙어 지내던 어머니가 있었습니다. 하루 종일 아이와 함께 있다 보니 장점을 찾기는커녕 오히려 서로에게 스트레스가 되어 어머니는 결국 다시 일을 시작하였지요.

▶ 전자마약 금단증상

A는 TV를 볼 수 없게 되자 이번에는 어머님의 업무용 노트북으로 인터넷에 빠져들었습니다. 인터넷 사용으로 인한 쾌감을 즐기는 전자기기 중독 상태라고 할 수 있습니다. 잠을 자야 할 시간에 인터넷을 하는 것이었습니다. 인터넷으로 무엇을 했는지는 모르겠지만, 누군가와 메일을 주고받는 듯했습니다. 아마도 같은 처지의 아이들끼리 인터넷을 통해 교류를 한 것이겠지요. 밤늦게 인터넷을 하니 밤낮이 바뀐 생활은 고쳐지지 않습니다. 어떻게든 생활 리듬을 개선해보려고 했지만 이미 스스로 컴퓨터를 끊을 수 있는 상태는 아니었습니다.

그래서 어머님이 노트북을 회사에 가지고 가기로 했습니다. 노트북이 없어지고 3일 동안 아이는 어머님이나 할머님이 일하러 나간 사이 온 집안을 샅샅이 뒤져본 모양입니다. 그야말로 '이런 곳까지 열어서 찾아봤나.' 싶을 만큼 필사적으로 찾았다고 합니다. 저는 이러한 상태를 '전자마약 금단증상'이라고 칭합니다.

대부분의 등교거부 아이들이 TV, 비디오, DVD, 게임, 컴퓨터 등 전자기기에 빠지고 맙니다. 아마도 전자기기가 불안감을 해소해주는 작용을 하는 게 아닐까 생각합니다. 이런 것들과 멀어지면 불안정감에 시달리는 것이지요.

한번은 A를 TV나 컴퓨터 같은 전자기기와 떨어트려놓았더니, 곧이어 집 전화기를 사용해서 문자 메시지를 하는 지경에 이르렀습니다. 그런 기능은 대체 어떻게 알아낸 것인지, 문자 메시지를 보내고 싶다는 일념으로 찾아봤던 걸까요. 아니면 인터넷에서 정보를 얻었는지도 모르겠습니다. 어머님의 휴대폰을 훔친 일도 있었습니다. 그래서 이 기기들도 마찬가지로 아이에게서 멀찍이 떨어트려놓았습니다.

▶ **전자기기를 끊을 시기 판단과 부모의 인내가 중요**

전자기기 중독이라는 병명은 없습니다. 하지만 등교거부 아이들 가운데 대다수가 하루 종일 휴대폰, 컴퓨터, 게임, TV, 비디오 등 전자기기를 사용한다고 해도 과언이 아닙니다. 어떠한 내분비 기관에서 쾌감성 물질이 분비되어 뇌를 마비시키는 것인지도 모르겠습니다. 운동이나 독서에 열중

하는 등교거부 학생은 전무하니 말입니다.

그리고 전자기기와 떨어트려놓는 일은 정말 힘이 듭니다. 폭력을 쓴다거나 자살하겠다는 등 다양한 방법으로 저항합니다. 게다가 전자기기를 끊으면 전자기기 금단증상이 나타납니다.

저는 다음과 같이 예고를 해둡니다. "한 3일 정도는 엄청 날뛸 겁니다. 아이가 제정신이 아닌 것처럼 느껴질 거예요. 아이나 부모나 다들 괴롭겠지만 그걸 버텨내야 해요."

"PC방에 데려가. 인터넷 연결시켜. 안 그러면 뛰어내릴 거야." 이런 일은 다반사입니다. 뛰어내리는 시늉을 하며 부모의 반응을 떠보는 것이지요. 이런 일들이 있을 거라고 미리 설명을 들은 바 있기에 부모도 '선생님이 말씀하신 대로야.' 하고 극복할 수 있습니다.

이렇듯 면담에서는 인터넷을 끊으면 아이가 어떤 상태가 되는지 사전에 얘기해놓습니다. 그리고 적절한 시기를 가늠하여 한꺼번에 차단합니다.

부모는 이때도 아이가 날뛸 것을 알고 있기 때문에 마음의 준비가 되어 있습니다.

하지만 말로 듣는 것과 직접 보는 데에는 큰 차이가 있습니다. 실제로 아이가 눈빛이 바뀌어 그야말로 눈이 뒤집힌 채 밀어붙이거나 자동차 정면유리를 깨트리는 등 온갖 행동으로 놀라게 합니다. 하지만 3일만 버티면 잠잠해집니다.

진정이 되면 그다음은 "학교 갈게." 혹은 "이번에는 꼭 시간 지킬게."라며 조건을 내겁니다. 이를 무심코 받아들이면 아이의 의도대로 되고 맙니다.

이럴 때에는 "안 된다면 안 돼!"라고 완고하게 버텨서 부모를 휘두를 수 없다는 사실을 확실히 깨닫게 해주는 것이 중요합니다. 이때 아이에게 못 이겨 인터넷을 연결하거나 휴대폰을 사준다면 또다시 '마음 편한 등교거부 생활'로 되돌아가고 맙니다.

아무튼 전자기기를 끊어서 아이에게 '등교거부는 지루하고 재미없다'는 생각이 들게 하지 않으면 등교를 위한 변화는 나타날 수 없습니다.

전자기기를 끊는 시기에 있어서는, 부모가 칭찬을 제대로 할 수 있게 되어 아이의 마음속 컵에 물을 채울 환경이 갖추어져 있어야 한다는 점이 중요합니다. '일단 끊으면 어떻게든 되겠지.' 하는 일은 결코 없어야 합니다.

A의 서포트를 시작하고 약 3개월이 흘렀습니다. 그해 섣달 그믐날 밤에 있었던 일입니다.

상담소의 주차장은 북새바람에 눈이 흩날리고 있었습니다. 가로등의 푸르스름한 불빛 아래에서 고개를 숙인 채 긴 머리카락으로 얼굴을 가리고 있는 A를 보았을 때, 앞으로 어떻게 될지 불안해졌습니다. 저조차도 그랬는데 어머님은 얼마나 불안하셨을까요.

눈에 보이는 호전이 없었음에도 불구하고 어머님과 할머님께서는 제 말을 믿고 칭찬을 계속하셨습니다.

〰〰〰〰〰〰〰〰〰〰〰〰〰〰〰〰〰〰〰〰

❾ 갑작스러운 등교재개와
　　등교거부 재발에 대한 불안감을 떠안고

상담소의 새해는 7일부터 시작되었는데 그날 아침 일찍 어머님에게서 전화가 걸려왔습니다.

"선생님, 아이가 등교를 했어요."

"등교요?"

"네."

"학교에 갔다는 말씀이세요?"

"1교시 중간에 갔어요. 차로 태워다주긴 했지만 어쨌든 학교에 갔어요."

저는 칭찬을 하면 해결책을 찾을 수 있고, 그것이 반드시 등교재개로 이어진다는 확신을 가지고 있었습니다. 하지만 1주일 전 섣달 그믐날의 상황을 보았던 터라 통화를 하면서도 반신반의했습니다.

그날 밤 이후로 고작 1주일 만에 등교를 하리라고는 예상도 못했습니다. 다만 상담소에서 공부하는 것을 거부한 적은 없었기에 '봄에는 학교에 가겠군.' 하고 생각하기는 했습니다.

마침내 아이의 마음속 컵에 자존감의 물이 가득 차서 활동 스위치가 켜진 것이었습니다. 어머님과 할머님이 매일같이 끈기 있게 실천해온 칭찬이 아이를 등굣길로 이끌었습니다.

어머님과 할머님에게 있어서 새해가 밝자마자 아이가 학교에 갔다는 건 말 그대로 기적이었겠지요. 신이 내린 커다란 새해 선물이었을지도 모르겠습니다.

저는 이 날을 기점으로 A에게 변화가 일어나고 있음을 감지했습니다.

A는 같은 학년인 T와 친해졌고, 둘은 수다 삼매경이었습니다. 그 무렵 상담소에서는 등교거부 아이들을 몇 명 정도 보살피고 있었습니다. 두 아이는 자신들의 수다가 조용히 자습을 하고 있는 아이들에게 폐가 될 것이라고는 전혀 생각지 않고 있었습니다. 몇 번인가 주의를 주었건만 들은 체도 하지 않았습니다.

어쩐지 전과는 다른 모습이 마치 껍데기에 갇혀 있다가 튀어나온 것 같은 느낌이었습니다. 봉선화 씨앗이 터져서 날아가는 듯한, 그런 상태였습니다.

수다를 떨며 불안을 달래려는 부분도 있었겠지만, A는 해방감에 폭주하는 상태였던 것으로 추측됩니다. 이러한 폭주 상태는 아이에 따라 다양하게 나타납니다.

학교 수업이 끝나고 하굣길에 다른 길로 새서 밤거리를 배회하는 아이도 있습니다. 오후 3시나 4시, 수업이 끝나면 그때부터 동네에서 알게 된 아이와 밤 9시, 10시까지 번화가나 지하철역 등지를 돌아다닙니다. 번화가에서 만나는 친구도 있기 때문에 보호자는 걱정스러울 따름입니다.

등교거부를 할 때는 밖을 떠돌아다니지 않았기 때문에 혼자 두어도 걱정이 없었습니다. 하지만 등교재개를 하고 폭주상태가 되면 위험이 따르기 때문에 등교거부 때를 오히려 그리워하는 보호자들도 많습니다.

상담소에서는 이러한 폭주상태를 보호자에게 미리 설명해두기 때문에 부모가 마음의 준비를 할 수 있어 빠른 대처가 가능합니다.

아이에게는 현 상태를 제대로 설명하고 타일러야 합니다. 아이를 대할 때는 야단을 칠 게 아니라 마음속 컵의 물이 줄어들지 않게끔 신경을 쓰도록 합시다.

이때, 기록은 하지 않더라도 칭찬만큼은 반드시 계속되어야 합니다.

한 어머니는 이렇게 말씀하시기도 했습니다.

"등교거부를 할 때보다 학교에 돌아가고부터가 더 힘들어요. 걱정이 늘었어요. 칭찬을 하려고 해도 자꾸만 잔소리를 하게 돼요."

온갖 코스프레를 하는 아이도 있고, 화장하는 데에 푹 빠지는 아이도 있습니다. 폭주상태는 한 번으로 끝나는 아이가 있는가 하면, 진학 등 환경의 큰 변화로 인해 재발하는 아이도 있습니다.

A도 마찬가지로 고등학교에 올라간 뒤 두 달 정도는 폭주상태가 되어 어머님을 걱정시켰습니다. 하지만 이런 경우 대부분 얼마 안 가 잠잠해지면서 본인의 생활을 되찾게 될 테니 걱정할 필요는 없습니다.

아이가 다시 학교에 가게 되어서 할머님은 기분이 아주 좋아 보였습니다. 그 마음도 이해가 갑니다. 할머님께서 매일같이 칭찬을 기록해온 노력의 결실임이 분명하니까요. 다만 어머님은 '다시 등교거부를 하지는 않을까.' 하는 불안감을 안고 있었습니다. 어머님은 아이의 왕따 문제도 걱정이었습니다.

어머님께는 지금의 상태를 유지하기 위해서라도 칭찬은 매일 빠트리지 말라고 말씀드렸습니다.

▶ 등교재개는 이제 겨우 무언가를 잡고 일어선 상태

등교재개 후에도 '3요소'를 잊지 마세요. 기록은 필수가 아니지만 장점 칭찬은 두고두고 계속해야 합니다. 아이가 등교재개를 하면 상당히 많은 양의 자존감의 물을 사용할 것이기 때문에 이를 보충해나가야 합니다. 또한 마음의 컵을 더욱 크게 만들어야 하고, 아이가 <u>스스로의 힘으로</u> 자존감의 물을 채울 수 있도록 키워야 합니다.

A는 이제 겨우 무언가를 잡고 일어선 상태입니다. 학교로 돌아간 아이는 아직 스스로 걸을 수 있다는 보장이 없기 때문에 관리가 필요합니다. 두 발로 똑바로 서서 발을 내디딜 수 있도록 충분한 힘을 쏟아주세요.

A는 그 후 2월이 되자 지각이 잦아졌고, 학교를 가더라도 보건실에 머무는 날이 눈에 띄게 늘어났습니다.

담임선생님이 반 아이들에게 생활지도를 했기 때문에 대놓고 따돌리는 일은 없었지만, 어머니에게 "등교거부를 했던 일로 인해 반 아이들이나 학교에서 나를 받아들여주지 않는 것 같은 느낌이 든다."라는 말을 했다고 합니다.

❿ 이야기를 만들어 등교재개에 성공한
자신의 힘을 확인

등교재개를 하면 본인과의 면담을 통해 '지금까지 자신의
힘으로 해낸 일'을 정리합니다. 저는 이 작업을 '내가 주인공
인 이야기 만들기'라고 부릅니다.

이것을 면담 중에 제대로 만들어두지 않으면 A는 자신의
힘으로 등교거부를 극복했다는 확고한 인식을 가질 수 없습
니다. '자신의 힘으로 해낸 이야기'를 만들어서 정리해놓지
않으면 등교거부가 재발하기 쉽습니다. 지금은 이 작업을
부모님께 맡기는 경우도 있습니다.

고등학교 상담사를 맡고 있으면서, 1학년 후반이나 2학년
이 되어 갑작스레 학교에 가지 않게 된 학생들에게 상담 요
청을 많이 받습니다. 대개가 중학생 때 특별교실로 등교를
했거나 초등학생 때 부모님이 강제로 등교시킨 아이들입니
다. 이 아이들은 스스로의 힘으로 극복했다는 인식이 없기
때문에 고등학교에 올라가서 속도를 잃게 되는 것입니다.
학생회 임원인 아이마저 다시 등교거부를 하게 됩니다.

⑪ 전학, 그리고 엄마에게 첫 상담

2월 중순이 되자 A는 그저 학교에 가기만 할 뿐, 동아리 활동이나 교우관계 등 학교생활에 좀처럼 적응하지 못하는 상황이 이어졌습니다.

그리고 어머님께 "아무도 모르는 곳에서 다시 시작하고 싶다."라는 말을 꺼내기 시작했습니다. A가 자신의 고민을 어머니에게 털어놓은 것은 처음 있는 일이었습니다.

이것은 칭찬이 매우 잘 작용하고 있다는 증거입니다. 아이와 부모의 관계가 개선되어서 고민상담(공동행위)이 가능하게 된 데에 조금 안심했습니다.

어머님께서 A가 전학 가고 싶어 한다고 얘기했을 때 저는 찬성했습니다.

일단 등교거부는 본인의 힘으로 극복했기 때문에 전학을 가도 다시 등교거부를 하지는 않으리란 확신이 있었습니다. 어머님은 걱정하셨지만 전학은 스스로 결정한 일이니 전학 간 학교에서 등교거부를 하지는 않을 것이라며 전학을 권해 드렸습니다.

어머님은 '왕따로 인한 전학' 수속을 밟았습니다. 전학 갈 학교에 어머님과 함께 찾아가 이제껏 해왔던 서포트 내용을 설명하고, 학교에서 인계받을 준비를 해둘 것을 당부했습니다.

전학한 뒤 A는 예상대로 한 번도 등교거부를 하지 않았고, 1년 동안 뒤처져 있던 진도를 따라잡아 지망하던 고등학교에 진학할 수 있었습니다.

진로변경 사례

중학생 때 전학을 해서 새롭게 출발한 사례는 A뿐입니다.

고등학생의 등교거부는 출석일수가 모자라면 유급처리가 됩니다. 고등학생은 유급되었다는 사실에 자극을 받아 학교에 가는 경우도 있습니다만, 자신보다 어린 아이들과 같은 학년이 되는 데에 거부감이 있는 모양인지 대부분은 통신제(통신 교육을 통해 학점을 얻는 교육 제도—옮긴이) 고등학교나 정시제 고등학교로 진로를 변경하곤 합니다.

⑫ 다른 사람처럼 다시 태어난 A

A는 고등학교에 입학한 후로 등교거부를 할 기색이라고
는 전혀 보이지 않았습니다.

친구도 생기고 아르바이트도 시작했습니다. 고등학교 입
학 당시 금방이라도 터져버릴 것 같은 상태였다고는 상상조
차 하지 못할 만큼 차분해졌는가 하면, 가끔 땡땡이를 쳐서
조퇴할 만큼의 배짱도 생겼습니다.

▶ **등교거부 당시의 기억은 안개가 낀 것 같은 상태**

A가 대학에 진학한 뒤, 등교거부 당시와 학교로 다시 돌
아갔을 때의 생활에 대해 물어보았습니다. 그러자 등교거부
를 하던 무렵은 거의 단편적인 일밖에 기억이 나지 않는다
는 것이었습니다.

예를 들어 장시간 걸어서 집에 돌아갔던 일과 그다음 날
근육통이 있었던 것은 기억나지만, 집에 틀어박혀 지내던

시절의 기억은 거의 남아 있지 않다고 했습니다. 그래서 대학 입시용 자기추천서에 등교거부를 극복한 경험에 대해 쓰려고 했지만 글로 표현할 수가 없었다고 합니다.

등교거부와 등교재개의 경계선도 뚜렷하지 않았습니다. 따라서 극복했다는 자각도 없이 자연스럽게 현재의 생활에 이르렀다고 합니다.

학교로 돌아간 뒤의 생활은 조금 기억이 나지만 그나마도 필터 너머 보이듯, 안개가 낀 것 같은 상태인 모양입니다. 기억이 뚜렷해지기 시작한 것은 고등학교 생활이 시작되고부터였다고 합니다.

등교재개에 성공한 다른 아이들에게 물어봐도 이처럼 기억이 거의 없습니다. 누군가가 도와주었다는 기억도 없을뿐더러 지극히 자연스레 현재에 이르렀다고 생각하는 모양입니다.

아이는 '등교거부에서 벗어났다'라고 인식하는 것이 아니라, 본인이 성장을 하면서 자연의 섭리에 따라 학교로 돌아갔다고 생각하고 있는 것입니다.

아기가 기어다니거나 무언가를 잡고 일어서며 성장하듯

이, 아이들도 등교거부를 경험하면서 부모와 함께 자연스럽게 성장한 것이겠지요.

누군가의 도움을 붙들고 일어섰을 때, 그 지지대가 사라지면 서 있을 수 없습니다. 등교거부도 마찬가지이기 때문에 마음속 컵에 의도적으로 자존감의 물을 채워준다면 아이는 학교로 돌아갈 수 있습니다. 자존감의 물을 채우면 대뇌 신경 회로나 신체의 기능이 향상되어 저절로 등교하게 되는 것입니다.

바로 여기서 '두 번째 육아'의 모습을 살펴볼 수 있습니다.

7년간의 등교거부 끝에 등교재개에 성공한 B

상담소에서 당사자를 직접 지도하고 다른 아이들과 교류하게 만든다

❶ 첫 만남─초등학교 2학년 때
  담임선생님과의 문제가 계기

B가 가족에게 이끌려 상담소에 온 것은 5월이었습니다. 녹음이 푸르른 계절이었던 것으로 기억합니다.

이야기를 들어보니 초등학교 저학년 때 담임선생님과의 문제를 계기로 학교에 가지 않게 되었다는 것이었습니다. 이전까지 온갖 공공기관이나 병원, 등교거부 자녀 학부모회 등 이곳저곳에서 상담을 받고 다녔다고 합니다. 그리고 학부모회에서 상담소를 알게 되어 찾아왔던 것입니다.

초등학교 6학년이 된 지금은 학교에 가는 날도 있고 가지 않는 날도 있는데, 학교에 가더라도 교실에는 들어가지 않

고 복도나 보건실에서 시간을 보낸다고 합니다.

면담 날은 의자 끄트머리에 걸터앉아 다리를 뻗고 천장을 삐딱하게 노려보면서 한마디도 꺼내지 않은 채로 돌아갔습니다. 도무지 초등학생이라고 생각할 수 없는 태도였습니다. B의 이런 태도가 저에게는 '아무도 안 믿어.'라는 메시지처럼 느껴졌습니다.

상담소의 서포트를 받고 싶다는 가족들의 마음도 이해는 하지만, "B가 상담소에 오고 싶어 하지 않는 이상 서포트를 하기는 어렵다"라는 뜻을 전했습니다.

▶ **B에게 직접적인 서포트를 할 필요성을 느끼다**

현재 상담소에서는 등교거부 중인 아이와 만나지 않고도 등교재개를 할 수 있도록 보호자 서포트를 실시하고 있습니다. 하지만 B의 경우에는 보호자의 양육방식을 조정하기보다 본인을 직접 서포트해야 할 필요성을 느꼈습니다.

그러나 B는 그 후로 상담소에 오지 않았고, 어머님과 정기적으로 연락을 주고받기만 하는 상태가 되었습니다. 그로부터 몇 개월 뒤 학교에서 선생님과 문제가 발생했는데, 문제의 자초지종을 듣고 등교재개로 이어질 만한 해결방법을 찾기까지 상당한 시간이 걸릴 것 같은 예감이 들었습니다.

아이가 상담소에 오지 않는 상황에서 제가 할 수 있는 일이라고는 어머님의 마음을 조금이나마 편안하게 해드리는 것뿐이었습니다. 그렇게 1년이 지나 아이가 중학교에 진학할 시기를 맞았습니다.

어머님과 아버님께서는 함께 학교를 찾아가 지금까지 B에게 있었던 일들을 설명하고 배려를 부탁드렸다고 합니다.

❷ 상담소 재방문과 상담사에 대한 신뢰

5월의 연휴가 끝난 일요일이었습니다. 중학생이 된 B가 부모님과 함께 상담소를 찾아왔습니다.

1년 전의 태도와는 크게 바뀌어 삐딱하게 앉아 있던 모습도 싹 사라졌습니다.

부모님 말씀에 따르면 중학교 입학 이후 학교에 가기는

했지만, 연휴 전부터 계속 결석을 했다고 합니다.

저는 B에게 "당분간 여기에 와서 이곳이 너와 잘 맞는지 어떤지 시험해보지 않을래? 잘 맞으면 오고, 안 맞을 것 같으면 안 와도 돼."라고 말을 붙여보았지만 대답은 돌아오지 않았습니다. 그리고 이 날은 결국 아무 말도 하지 않은 채 돌아갔습니다.

제가 먼저 말을 거는 경우는 아이에게 마음의 준비가 갖춰지고 있다고 느꼈을 때입니다.

B는 상담소에 온 것이 두 번째였고, 처음과 비교했을 때 아이의 표정과 태도로 미루어 보아 저를 신뢰하고 있다는 느낌이 들었습니다. 게다가 지난 1년 동안 부모님과 끊임없이 연락을 주고받았기에 세세한 정보도 알고 있었으므로 저는 아이가 상담소에 오리라 자신했습니다.

이 날은 아이가 저를 확인해보러 왔다는 걸 직감했습니다.

그 느낌은 들어맞았고, 그날 밤 부모님에게서 "아이가 상담소에 가고 싶어 한다"는 내용의 전화를 받았습니다.

❸ 글을 쓰는 것만으로도 손바닥에 땀이

다음 날부터 B는 매일 상담소에서 공부를 하게 되어 어머님께서 저녁마다 데리고 오셨습니다. 어머님께는 한 시간 정도 학습지도를 하니 끝날 시간에 맞춰 데리러 오면 된다고 말씀드렸습니다. 아이가 어머니에게 상당히 의존하고 있다고 느꼈기 때문에 우선은 떨어트려놓기로 한 것이었습니다.

초등학교 저학년 때부터 학교에서 충분한 공부를 하지 않았다면 중학교 학습 내용을 배우기 어려우리라 판단했습니다. 따라서 아이를 어떻게 지도해야 할 것인지가 커다란 과제였습니다.

이 상태에서 교과 내용에 얽매이면 지도는 불가능합니다. 어디까지나 공부에 의욕을 갖는 것을 목표로 삼아야 합니다.

당사자가 관심이 없는 것을 억지로 강요하면 나중에 공부에 대한 흥미를 잃게 됩니다. 그래서 B가 레슬링을 좋아하던 것이 떠올라 아이의 관심을 그쪽으로 돌려보기로 했습니다. 첫날, 레슬링에서 사용하는 무게 단위인 파운드, 온스, 그램을 계산기를 이용하여 학습해나갔습니다.

이는 정확한 판단이었습니다. B는 레슬링에 관하여 해박했기 때문에 흥미를 보이며 스스로 찾아보고 노트에 필기를 하기 시작했습니다. 계산까지 하게 되면 아무래도 흥미를 잃을 것 같았기에 계산기를 사용했습니다.

그런데 신경이 쓰였던 점은 철자 하나를 쓸 때마다 이 글자가 맞느냐고 물어보던 것이었습니다.

레슬링 관련 지식이나 대화 내용으로 추측건대 꽤나 우수한 재능을 가진 아이라는 생각이 들었지만 막상 글을 쓸 때면 철자법조차도 자신 없어하는 것이었습니다. 보아하니 지금까지 글을 쓸 만한 여건이 마련된 적이 거의 없었던 듯합니다.

공부가 끝나갈 때쯤 되면 새 노트는 손에서 난 땀으로 구멍이 났습니다. 주먹을 쥐면 손바닥의 땀이 뚝뚝 떨어질 정도였습니다. 손의 감각이 매우 민감했던 거죠.

우연히 아이의 손목을 건드린 적이 있었는데 그때도 통증이 느껴진다고 했습니다. 손목부터 손가락 끝까지가 상당히 예민한 모양이었습니다.

아이의 감각발달 차이를 아는 것도 중요하다

등교거부 아이들을 여럿 만나보면서 아이들의 청각과 촉각에 개인차가 있다는 사실을 깨달았습니다. 교내 건강검진에서 청각 검사도 하고 시력 검사도 하지만 이를 통해서는 알 수 없는 감각의 차이가 존재하는 것입니다.

청각이 예민한 아이가 선생님의 목소리 때문에 등교거부를 하게 되었다는 사실도 알게 되었습니다.

아이는 면담 중 선생님이 가정방문을 왔을 때 인터폰 너머로 들은 목소리에 대해 연신 이야기했습니다. 선생님의 우렁찬 목소리가 귀에 울려서 속이 안 좋아지는 모양입니다. 사실 말 그대로 담임선생님은 목소리가 크고 톤이 높았습니다. 그래서 선생님에게 목소리를 조금 작게 해달라고 요청했습니다. 그렇게 해서 아이는 다시 학교에 갈 수 있었습니다.

선생님의 목소리 톤으로 인해 학교에 가기 힘들어진 아이들이 의외로 많지 않을까 생각해보게 되는 대목입니다.

피부 감각이 예민한 아이도 있습니다. 손목을 잡으면 통증을 느낀다든지 목이나 양쪽 어깨의 피부 감각이 민감한 아이도 있었습니다.

이처럼 아이들의 감각에 개인차가 있다는 사실을 알아두는 것이 중요한데요, 이는 아이를 잘 관찰해보면 알 수 있는 문제입니다.

---

❹ 상담소에서 공부하며 다른 아이들과 교류하기

이렇게 B를 관찰하면서 학습지도를 계속했습니다. 글자는 이내 정갈하게 쓸 수 있게 되었지만, 철자법은 그렇다 치더라도 한자 지식은 초등학교 저학년보다 못한 수준이었습니다. 그래서 중학교 1학년 교과서를 사용해 간단한 한자를 가르치기로 했습니다. 영어는 처음 배우는 과목이었기 때문에 우선은 소리 내어 읽는 것부터 시작하고, 중1 수학은 양수와

음수를 계산하는 것부터 시작했습니다.

당분간은 국·영·수 세 과목에 집중하기로 하고 중간중간 칭찬을 했습니다. 보호자 면담도 한 달에 한 번 정도로 이어 갔습니다.

B는 약속을 하면 반드시 지키는 학생이었고, 시작 시간과 끝나는 시간도 항상 일정했습니다.

공부가 점차 이해되기 시작했는지 학습시간에 아이가 웃는 얼굴을 비쳤습니다.

이런 모습을 보고 "상담소에서 공부하는 시간을 출석으로 인정받고 싶다"라는 보호자의 의견이 있었기에 상담소를 교외 교육시설로 인정받을 수 있도록 학교 교장선생님께 사정을 말씀드렸습니다.

당시 근처에 등교거부 아이를 받아주는 통신제 고등학교가 없었으므로 진학과 관련된 문제는 보호자의 큰 골칫거리였습니다. 하다못해 결석일수라도 적었으면 하는 등 지푸라기를 잡는 심정이었을 것입니다. 다행히도 학교에서 흔쾌히 승낙해주어 매달 말 상담소에서 출결을 보고했습니다.

이렇게 서포트를 이어갔지만 아이는 학교에 갈 기미가 전혀 보이지 않았습니다.

애초 3개월 동안만 상담을 맡기로 하여 앞으로의 일을 의논하던 중 부모님께서 "아직 학교에 갈 기미는 보이지 않지만, 아이가 집에 와서 상담소에서 있었던 일들을 이야기하는 걸 보니 성장했다는 느낌이 들어 조금 더 보내고 싶다"고 말씀하셨습니다. 그래서 이후 상담을 계속 이어가기로 했습니다.

B는 항상 어머니와 함께 행동했기 때문에 어른들과는 대화할 수 있어도 또래들과의 교류 경험이 부족했습니다. 그래서 일대일 서포트에서 소수정예 반으로 옮겨보았습니다. B는 그중 상급생들과 금세 친해졌습니다.

그리고 제 앞에서는 보이지 않던 태도도 보였는데, 반 아이들 앞에서 가방을 험하게 다루며 일부러 큰 소리를 내는 것이었습니다. 사용한 연필이나 지우개를 책상 위에 거칠게 던져놓는 등 마치 동물이 상대에게 힘을 과시하며 위협하는 것 같은 행동을 했습니다. B는 다른 아이들과 교류할 때, 자신이 상대방보다 강한지 약한지를 판단기준으로 삼고 있는 듯했습니다.

저는 B에게 도덕심에 준하는 견해와 사고방식, 행동 양식을 가르칠 필요성을 느꼈습니다. 도덕심이 아이의 삶의 방식을 좌우하게 되지 않을까 생각했기 때문입니다.

가방이나 교과서, 연필을 험하게 다룰 때에는 "가방이 아 프대."라고 유아에게 훈육을 하듯 기회가 있을 때마다 계속 타일렀습니다.

이와 동시에 그림이나 글짓기도 가르치기 시작했습니다. 도덕심을 기르는 것까지 고려해 상담소의 농장에서 작물을 키우고, 그 체험을 그림과 글로 표현하게 했습니다.

농장학습은 제가 교직에 있을 때 도입한 아이들의 마음의 양식을 기르는 도덕교육 중 하나입니다.

농장학습의 효과를 실감하다

제가 근무했던 S초등학교에서는 초등학교에 재량학습이 없었던 시절부터 농장체험과 도덕, 특별활동을 엮은 농장 학습을 시행해왔으며, 이는 지금까지도 이어지고 있습니다.

농장학습을 하면서 아이들의 태도가 크게 변화하는 모습 을 실제로 체험했습니다. 이를테면 누가 시키지 않아도 화장실 슬리퍼를 가지런히 놓는다든가 하는 변화도 생기고, 아이들 표정 또한 밝아졌습니다.

방송국에서 취재를 오거나 신문, 잡지 기사로 다루어지기도 했는데요, 제가 교직에 있는 동안 아이가 실제로 변해가는 모습을 눈으로 확인한 것은 이때가 처음이었습니다. 반 아이들이 변하는 경우는 있었지만 전교생의 변화된 모습을 볼 수 있었던 건 전무후무하게 이때뿐이었습니다.

그렇기에 B의 마음을 가꾸기 위해서는 이 농장학습이 효과가 있지 않을까 생각했습니다.

❺ 농장체험을 그림과 글로 표현하기

농장학습은 밭을 가는 것부터 시작됩니다. 날이 더운 때여서 B는 땀을 뻘뻘 흘리며 넓은 밭을 갈았고 그렇게 조금씩 두렁을 만들어갔습니다.

작업시간은 한 시간으로 정해놓고, 일이 끝난 뒤 농장에서 돌아와 그날의 작업 모습을 그림으로 그립니다. 그림 도구는 컬러 콩테(소묘용 연필)를 사용하기로 했습니다. B는 글을 쓰는 힘 조절이 잘 안 되기 때문에 물감은 적절하지 않다고 판단했습니다. 그림이 투박한 탓으로 세심한 표현에 적합한 색연필도 적절하지 않아서 크레파스나 컬러 콩테를 쓰게 했습니다. 손에 땀이 많아 걱정했지만 아이는 콩테를 골랐습니다.

이런 식으로 하여 경험한 것을 작문과 그림으로 표현하게 했습니다. 그런데 사람을 그려 넣지 못하는 것이었습니다. 결국 밭은 밭대로, 사람은 사람대로 각기 다른 종이에 그린 다음 합치기로 했습니다.

그랬더니 이번에는 사람의 얼굴을 그리지 못했습니다. 그래서 "기쁠 때 눈은 이렇게 되고 입은 이렇게 돼."라고 그림을 그려가면서 표정 읽는 방법을 알려주었습니다.

사람 그림을 오려서 밭을 그린 그림에 붙여가며 밭을 갈 때의 상황과 사람의 감정을 그림으로 만들어갔습니다. 작문도 마찬가지로 그 당시 모습이나 기분을 물어보며 아이가 쓴 글을 한 문장씩 고쳐나갔고, 수정한 글은 새로 써서 그림과 결합시켰습니다.

B는 상담소에서 공부하는 가운데 다른 사람들과 함께 카레를 만들거나 낚시를 하러 갈 수 있게 되었습니다.

입이 험한 것은 여전했지만, 휴일에는 버스를 타고 할머니 댁에 가거나 상담소에서 알게 된 친구와 레슬링 연습을 하러 가는 등 행동범위가 점점 넓어져갔습니다.

❻ 7년 만의 등교

상담소에 온 지 1년 가까이 될 무렵 B가 "선생님, 다음 주부터 학교에 갈 거예요."라고 말했습니다.

7년 동안이나 학교에 제대로 가지 않던 아이가 1주일 뒤 학교를 간다니…… 저는 반신반의했습니다. 기적이라도 일어나지 않는 한 불가능할 거라고 생각했습니다. 며칠 뒤, 어머님과 이야기 나눌 기회가 있어서 그 얘기를 꺼내보았습니다.

"선생님, 저도 아이한테서 그 얘길 들었어요. 믿기지 않았지만 정작 아이는 지금까지 내팽개쳐두었던 책가방을 꺼내 들고 교과서에 이름까지 쓰는 거예요. 학교 갈 때 탈 자전거도 닦고요. 정말로 갈 생각인 걸까요?"

학교에 가겠다고 선언을 했으니 가긴 갈지라도 등교가 계속될 것이라는 확신이 없었습니다.

그다음 주 월요일, 이른 아침에 어머님께서 전화를 하셨습니다.

"선생님, 갔어요."

"놀랍네요, 학교에 가다니."

"아침 7시에 학교에 도착했는데 교문이 닫혀 있었대요. 그래서 학교 주변을 빙빙 돌고 있었더니 당번 선생님께서 문을 열어주셔서 전교생 중 가장 먼저 교실에 들어갔다네요."

아이가 스스로 학교에 가겠다 결심하고 공표를 했습니다. 마음속 컵에 자존감의 물이 제대로 채워진 것이겠지요.

학교에 가기 시작한 날은 곧 상담소를 떠나는 날이기도 했습니다. 다시 학교를 다니게 되면 아이가 더 이상 상담소에 갈 이유는 없으니까요. 이후로 B는 하루도 빠짐없이 등교해서 중학교를 졸업한 뒤 통신제 고등학교에 진학했다는 소식을 들었습니다.

등교기피자 C

어머니가 상담소에 조기방문, 면담을 통해 부모의 고민을 해소하다

❶ 어머니의 불안을 감지하고 성공사례를 이야기하다

C는 이사를 가게 되어 그 동네 중학교에 입학했습니다.

전학을 와 아는 사람이 한 명도 없는 상황이었지만 그래도 어떻게든 학교에 다녔습니다.

원래부터 조용한 아이였기 때문에 가족들은 아이가 기운이 없다는 사실을 전혀 눈치채지 못했고, 결국 5월 연휴가 끝나고부터 학교에 갈 수 없게 되었습니다.

걱정이 된 어머님은 곧바로 저에게 상담을 하러 오셨습니다. 사실은 초등학교 저학년 때도 같은 일이 있었는데, 그때는 학교에 매일 억지로 끌고 갔다고 합니다. 그 후로도 아이는 매년 새 학기가 되면 등교기피를 반복했고, 부모님은 이

번에도 같은 상황이라고 생각했던 모양입니다.

그런데 아이는 "월요일부터 학교에 가겠다" 해놓고 일요일 저녁부터 기분이 안 좋아져서는 축 처진 채로 울기만 했습니다. 연휴 전에는 지각을 하더라도 학교에 가기는 했었는데, 연휴가 끝나고 난 뒤로는 전혀 가지 않게 되었습니다.

초기 면담은 A 경우와 거의 비슷했습니다.

우선 어머님을 칭찬하고, 다음으로 아이를 서포트하는 방법을 설명했습니다. 아이의 마음속 컵에 자존감의 물을 채워서 학교에 가도록 이끄는 것에 대한 설명과 함께 몇 가지 사례를 들었습니다.

어머님은 아이 스스로의 힘으로 이 상황을 극복하게 만들지 않으면 고등학교에 들어가서도 똑같은 상황이 반복되지 않을까 걱정하고 있었습니다. 게다가 면담을 할 때 어머님의 표정이나 목소리로 미루어 보아 '정말로 가능한 걸까.' 하는 불안감도 느껴졌습니다. 그래서 다음 면담을 평소보다 빠른 1주일 뒤로 정하고 첫 면담을 마쳤습니다.

❷ 어머니의 의지는 C의 행운

C의 경우 결석일수가 30일 이하였으므로 등교거부에는 해당되지 않는데, 이런 아이들도 많습니다.

이 아이들은 고등학교에 올라가 등교거부를 하게 되는 경우가 많습니다. 고등학교에서 상담을 하다 보면 과반수가 고등학생이 되어 처음 등교거부를 한 아이들입니다. 이 아이들은 초등학교나 중학교 때 이미 등교기피 증상을 보이는데요, 당시는 지각을 자주 해도 결석일수가 등교거부로 분류되는 기준에 미치지 않기 때문에 보호자도 상담까지 받을 필요성을 느끼지 못합니다.

그러니 C의 경우 어머님께서 조기에 상담하러 오신 것은 아이에게 행운이었다고 할 수 있습니다.

❸ 면담을 통해 부모의 불안감을 없애고
    의욕을 심어준다

1주일 뒤에 C의 어머님이 면담을 하러 오셨습니다.

"선생님, 처음 면담했던 날부터 기록을 하고 있어요. 매일 아이의 장점을 찾아 칭찬했더니 3일째 되는 날부터 아이가 자주 말을 걸어오기 시작했어요. 학교에서 있었던 일을 집에 와서 계속 얘기해주더라고요. 어쩐지 밝아진 듯 보여 조금 좋아졌나 싶었더니, 또 학교에 안 가려고 하는 거예요. 그 후로는 단점만 보여서 칭찬을 하기 어려워졌어요."

"어쨌든 1주일 동안 노력 많이 하셨네요. 기록을 확인해 보니 훌륭하게 칭찬하셨어요. 아이에게 문제가 발생한 것도 의욕의 결과일 거예요. 부모님들 대부분이 3일째에 들어서면 장점 찾기에 혼란을 느낍니다. 어떻게 칭찬해야 좋을지 갈피를 못 잡게 되지요."

"저는 1주일 만에 그렇게 됐네요."

"어머님, 첫날은 잘하셨잖아요. 3일 만에 아이가 말을 자주 걸어오는 효과도 보셨죠? 그렇게 되면 무심코 의욕이 넘쳐서

'내일 아침부터 학교에 갈 수 있지 않을까.' 하는 생각이 드실 거예요. 그래서 나도 모르게 목표를 높이게 돼요. 서둘러 등교시키려고 하면 아이를 칭찬하기 힘들어져요. 그러니까 발소리도 칭찬하라고 말씀드렸듯이, 정말 사소한 장점이라도 찾을 수 있도록 노력합시다. 처음부터 목표를 10으로 잡지 마시고 1이나 2 정도여도 괜찮으니 계속해서 칭찬해주세요."

두 번째 면담 일정을 첫 면담일로부터 1주일 뒤로 잡는 이유는 이 시기가 되면 뭘 어떻게 칭찬해야 좋을지 혼란이 오기 때문입니다.

그래서 1주일 뒤의 면담에서는 다시 한 번 서포트의 핵심을 말씀드립니다. 재차 반복해 듣는 내용이기도 하려니와 칭찬을 해본 경험도 있기 때문에 이해가 쉬워집니다. 한번 겪어본 다음에 다시 면담을 진행함으로써 부모의 의욕 또한 끌어올릴 수 있다고 보는 것입니다.

이렇게 부모 면담과 칭찬만으로 등교기피가 개선된 C는 현재 고등학교 특별 진학반에 들어가 상담사가 되고 싶다며 공부에 매진하고 있습니다.

❹ 보호자의 협력만 있다면 100퍼센트 등교할 수 있다

아이의 장점을 칭찬하고 기록하는 것, 장점·칭찬·기록이라는 3요소를 실행에 옮기면 아이들을 반드시 등교재개로 이끌 수 있습니다. 이는 지금까지 6년 동안 수많은 아이들이 등교재개에 성공한 것으로 이미 입증되었습니다.

다만 몇 가지 과제도 생겼습니다. 해결해야 할 가장 큰 과제는 아이의 장점을 찾지 못해 칭찬하지 못하는 부모가 있다는 것입니다.

이런 부모들은 어렸을 때 칭찬을 받은 경험이 없습니다. 혼나면서 자란 경험밖에 없는 부모…… 그래서 오히려 더 필사적으로 공부한 분도 계십니다.

이런 경우에는 우선 부모를 훈련시켜야 합니다. 발소리도 장점이 될 수 있다고 아무리 말해도 좀처럼 이해하지 못하고, 세상에서 제일 행복한 부모가 된 기분으로 칭찬하라고 해도 칭찬에 감정을 담지 못하기 때문입니다.

이처럼 양육 기술이 부족한 것 또한 아이의 마음속 컵을 작아지게 만드는 원인이라고 생각합니다.

이러한 경우에는 우선 면담 횟수를 늘리고, 그런 다음 제 면담 기술과 수많은 사례들을 이용해서 의욕을 끌어올립니다.

보호자, 특히 어머님의 협력을 얻을 수 있게 되면 거의 100퍼센트 아이를 등교의 길로 이끌 수 있습니다.

지금까지 '3요소'를 이용해 등교거부 아이들을 등교재개의 길로 이끄는 서포트 방법에 대해 설명했습니다. 사실 이 방법은 아이와 관련된 거의 대부분의 문제에 효과적입니다.

학교 상담사 일을 하면서 저는 등교거부뿐만 아니라 다양한 상담을 진행하고 있습니다. 부모님과 선생님, 그리고 아이들이 털어놓는 고민들은 셀 수 없을 정도입니다.

예를 들면 발달장애, 비행, 학습지도, 수업 내용, 교우관계, 부모자식 관계, 훈육, 집안 문제, 이혼, 재혼 문제, 진로, 연애, 자살예고 등 당장 떠오르는 것만 해도 이처럼 상담거리들은 차고 넘칩니다.

각각의 상담 내용을 파고 들어가보면 대부분 장점·칭찬·기록이라는 3요소를 통해 문제 해결의 실마리를 찾을 수 있습니다. 비행 청소년에게도 물론 효과적입니다.

저는 소년원 자선 면담도 하고 있는데요, 이때도 변함없이 아이들의 장점을 지켜보며 칭찬합니다. 등교거부 아이들과 마찬가지로 이 아이들도 처음에는 제가 믿을 만한 사람인지 어떤지 시험해보지만 면담이 거듭될수록 적극적으로 임해줍니다.

아이들의 미래가 걸려 있는 만큼 그들이 조금이나마 자신의 장점을 깨달아 자신감을 가지고 새 출발을 해주었으면 하는 바람으로 상담을 이어가고 있습니다.

이 방법은 형제관계 개선에도 도움이 됩니다. 초등학생 아이가 "형제끼리 좀처럼 친해지지 못하겠다"라는 상담을 해온 적이 있습니다. 이때 서로의 장점을 기록하게 했더니 한 달 만에 이전보다 사이가 좋아졌다고 합니다.

유분증으로 판단되는 아이의 상담도 받았습니다. 유분증이란, 분뇨를 방구석이나 쓰레기통, 속옷 속에 방치하는 것을 말합니다. 어머님과 면담을 해보고 나서야 부모가 아이에게 필요한 애정과 인정을 반려견에게 쏟고 있다는 사실을 알게 되었습니다. 이야기를 듣고 '다시 키우기'를 실천하자

증상은 완전히 사라졌습니다.

경우에 따라, 또 상담 내용에 따라 이 3요소를 적절히 짜맞추어 이용합니다. 지금까지 여러 사례로 증명해보았듯이, 3요소는 아이를 키우면서 마주칠 수 있는 다양한 문제를 해결하는 데에 큰 도움이 될 것이라고 확신합니다.

4장

앞으로의 과제와 계획

부모의 양육 능력을 높이고 학교와의 연계를 계획하다

❶ 부모의 양육 능력을 높여주는 작업

저의 바람은 등교거부 아이들이 배움의 장인 학교로 돌아가는 것입니다. 이를 위해 '3요소'를 이용하여 실질적으로 그 효과를 지켜봐왔습니다.

이 방법은 아이의 등교재개뿐만 아니라 등교거부 예방에도 효과적이라는 사실이 입증되었습니다. 또한 자녀 교육에 관한 대부분의 문제는 이 3요소를 통해 해결의 실마리를 찾을 수 있습니다.

3요소를 활용하는 이 서포트 방식은 실로 '부모의 양육 그 자체'입니다.

6년 동안 많은 보호자들을 만나왔습니다. 3요소를 선뜻 받아들이는 부모도 있고, 알고는 있지만 좀처럼 생활 속에서 활용하지 못하는 부모도 있습니다.

앞서 얘기했듯이, 칭찬받으며 자란 경험이 없는 부모는 아이의 장점을 찾기 어려워할 뿐만 아니라 충분히 칭찬을 하지도 못합니다. '발소리도 장점'이라는 말을 이해하지 못하니 아이를 향한 애정이 담긴 대응도 기대할 수 없습니다.

이러한 부모의 양육 기술을 향상시켜줄 서포트 역시 중요한 과제입니다.

▶ **부모 지도 강화**

3요소를 이용한 서포터 역할은 부모에게 맡겨지기 때문에 이를 어려워하는 부모를 위한 지도가 필요합니다. 지금까지는 면담 시간에 지도했지만 그것만으로는 충분하지 않습니다.

더 많은 서포트를 고심해보아야 합니다. 그래서 저는 다음과 같은 활동들을 하고 있습니다.

▶ '3요소 서포트' 계발 활동

우선은 '부모가 등교거부를 서포트하는 방법'이 있다는 사실을 알아야 합니다.

하지만 공공기관에서 시행 중인 서포트 방법으로는 직접적인 효과를 기대하기 어렵습니다.

예를 들자면 흔히들 "가정방문을 빼먹지 말라"고 하지만 가정방문을 한다고 해서 학교로 돌아가게 되는 것은 아닙니다. 만약 가정방문이 효과가 있다면 그로 인해 등교재개에 성공한 사례와 효과적인 방법을 분명히 밝히고 널리 알려야 한다고 생각합니다. 그러나 그러한 작업은 거의 이루어지지 않고 있습니다. 무엇보다 등교거부 아이를 등교재개로 이끌기 위한 서포트 방법이 명확하게 정해져 있지 않기 때문에 어쩔 도리가 없습니다.

제가 주장하는 등교거부 서포트의 3요소는 6년이라는 시간을 통해 그 효과가 밝혀졌습니다. 그러니 이 방법을 많은 보호자와 선생님들이 알고 실천해주었으면 합니다.

변화를 가만히 기다리기보다는 3요소를 이용하여 시험해

보았으면 합니다.

이 방법은 아이의 장점을 일깨워주고 그것을 기록하는 것뿐이니 하루에 단 3분만 투자하면 됩니다. 이로 인해 아이에게 해가 될 일은 없습니다. 소년원에서 자선 면담을 할 때, "부모님이 나를 칭찬해주어서 소년원에 오게 되었다"라고 말하는 아이는 없습니다. 아이들 대부분이 그와 상반되는 일을 당해서 잘못된 길로 빠진 것이라고 생각합니다.

❷ 강연회를 열어 서포트 방법을 알리고 싶다

저는 학부모회에서 주최하는 교육 강연회의 경우 의뢰만 있다면 대부분 응하는 편인데요, 교직 시절의 경험을 살려 학교에 적합한 수많은 사례들을 들어가며 알기 쉽게 설명하는 가운데 부모님들께 기쁨을 드리고 있습니다.

재작년부터는 시립 평생학습 기관에서 의뢰를 받아 새 학기 건강검진 때 신입생 부모님들을 대상으로 하는 '양육 강연회'를 시작하기도 하였습니다.

이를테면 초등학교에서는 '아이의 마음속 컵에 자존감의 물 채우기', '3분간의 양육으로 아이가 변한다'를 주제로 한 시간가량 강연을 진행했습니다. 이 강연을 개최할 때에는 양호선생님의 협력과 교장선생님의 양해가 있었습니다.

이처럼 이해해주시는 분들이 늘어나는 것 자체가 중요하기에 앞으로도 적극적으로 강연회를 실시하여 부모님들께 양육법과 서포트 방법을 널리 전파하고자 합니다.

❸ 소모임과 워크숍 체험을 즐기다

저는 이런 공적인 강연회뿐만 아니라 작은 그룹 단위로도 이야기를 나누고 싶습니다. 적은 인원이라면 '워크숍' 체험으로 배우는 것도 가능합니다.

제가 근무하는 초등학교의 어머님들께서는 이미 장점 찾기나 칭찬을 실천하고 있고, 양호선생님께서도 연구 중에 있습니다. 사실 역할연기법은 제 전문분야이기 때문에 몇 가지 훈련방법을 고안해서 선생님들의 연구에도 이용하고 있습니다.

제가 근무하는 또 다른 학교에서는 교내 보건위원회에서 학부모를 대상으로 아이의 장점을 찾아 칭찬하는 훈련을 실시하고 있습니다. 구체적으로 설명하자면 다음과 같은 방법을 이용해 즐겁게 배우고 있습니다.

우선 다섯 명에서 여섯 명 정도의 인원으로 작은 그룹을 만듭니다. 그리고 아침에 눈을 뜰 때부터 밤에 잠자리에 들 때까지 아이에게 자주 하는 말들을 종이에 적습니다.

그 종이를 '주의·지도', '칭찬', '그 외', 이 세 종류로 나누어 부모님 스스로가 칭찬에 인색하다는 사실을 깨닫게 합니다. 그다음 장점과 칭찬에 대해서 설명합니다.

그리고 연기자와 관객들의 의견을 듣고 더 좋은 장점을 찾아 칭찬해보는 시간을 가집니다.

이 작업은 사전 예방에도 좋고 재능 개발에도 좋은 방법이라고 할 수 있습니다.

또한 소모임에서는 서포트 지도사가 상담을 진행합니다. 이는 3요소를 통해 등교재개에 성공한 부모들의 이야기를 직접 듣고 그 방법을 배울 수 있는 시스템입니다.

이미 전화상담을 하고 있는 어머니들이 있기 때문에 그분들이 지도사 역할을 맡아주십니다. 등교재개에 성공한 아이들의 어머니인 만큼, 실제 경험을 바탕으로 조언해주니 이보다 더 든든한 것은 없습니다.

양육 기술을 길러 칭찬을 할 수 있게 되면 아이는 칭찬을 통해 자라납니다. 그렇게 자라난 아이는 이 양육법을 이어받아 자신의 아이도 칭찬으로 키우게 될 것입니다. 그런 식으로 칭찬 양육법이 돌고 돌아 세대 간에 구축된다면, 수많은 아이들이 건전하게 자라날 수 있을 것입니다.

❹ 책 출판과 인터넷을 통한 계발

이 모든 방법을 아무래도 '책으로 정리할 필요가 있겠다'고 생각하여 이번에 저는 과감히 집필을 결심했습니다.

강의는 한번 들으면 끝이고, 다시 듣고 싶어도 기회는 금방 돌아오지 않습니다. 또한 많은 사람들에게 제 이야기를 전하기 위해서는 시간이 필요합니다.

그런 점을 고려했을 때 책은 필요한 순간에 펼쳐볼 수 있고, 등교거부로 고민하는 부모님들께 보다 빠르게 또 널리 전달할 수 있을 거라고 여겼습니다.

홈페이지는 지면이 제한되어 있기도 하고 그나마도 인터넷 환경이 안 되면 볼 수 없지만, 책은 언제 어디서든 많은 정보를 쉽게 접할 수 있으니 한번 살펴봐주세요.

한시라도 빨리 이 책이 부모님들의 눈길에 닿아서 육아 고민으로부터 해방되는 날이 오기를 간절히 바랍니다.

❊❊❊❊❊❊❊❊❊❊❊❊❊❊❊❊❊❊❊❊❊❊❊❊❊

❺ 교내 자녀 양육 운동으로 발전시키고 싶다

하루 세 개의 장점을 칭찬하는 '3분 양육법'이 지역과 학교를 중심으로 퍼져나간다면 자녀 교육 문제가 조금씩 해결될 것입니다.

"부모의 생활을 바꿀 필요는 없습니다. 하루 3분만 아이를 키웁시다. 그 3분 동안 해야 할 일은 아이의 장점을 하루에 세 개씩 찾아서 칭찬하는 것뿐입니다. 안아주는 것도 칭찬입니다."

이것이 핵심 문구입니다.

학교에는 훌륭한 경험과 지식이 있습니다. 어떤 운동으로 전개시킬지는 학교에 맡기겠지만, 앞으로의 발전을 기대해 봅니다.

며칠 전, 한 초등학교에서 교육 강연회를 마쳤는데 예정되어 있던 인원을 훨씬 초과했다고 합니다. 그날은 전임 교육사무소장인 T선생님께서 초대 손님으로 와주셨으며 강연을 마치고 교장실에서 손님들과 여담을 나누었습니다.

T선생님께서는 제가 초등학교에서 도입했던 농장학습과 아이를 관찰하는 것의 중요성, 무엇보다 아이의 마음속 컵에 자존감의 물을 채우는 것, 그리고 그것을 아이의 부모에게 맡긴다는 아이디어에 무척 감탄했습니다. 선생님께서 이토록 이해를 해주시니 3요소 방법에 자신감이 생겼습니다.

학교 상담사로서 저는 부모가 아이들의 마음속 컵에 자존감의 물을 채워주어야 한다고 주장합니다.

직접적인 서포트는 부모에게 맡기는 것으로 충분합니다.

아이를 키우는 데는 부모가 손수 나서야 합니다. 양육은 다른 사람에게 맡길 수 없는 일입니다.

'부모에게 제안하는 방법'이라고 하여 어려울 거라고 생각했을지도 모르겠습니다. 방법은 아이를 위해 단 3분의 시간을 투자하는 것입니다. 그렇게만 해도 등교재개를 위한 실마리를 찾을 수 있습니다. 또한 아이의 교육 문제는 대부분 바로 이 '3분의 노력'이 문제 해결의 돌파구로 이어집니다.

모든 일들은 가족의 힘으로 대처할 수 있습니다.

저는 학교 상담사 일을 하면서 이 '3분' 활용법을 지도하고 있습니다. 여기에 아이의 능력 개발도 결부되어 있다는 사실을 덧붙여두겠습니다.

발버둥 치면 칠수록 빠져나올 수 없는 늪에서 불과 3분의 노력으로 전혀 다른 차원의 상황이 만들어집니다. 늪인 줄로만 알았던 곳이 사실은 양육의 기회였다는 사실을 깨닫게 되는 것입니다. 그때가 바로 두 번째 육아, 아이의 홀로서기를 위한 양육을 시작하는 시기입니다.

등교거부나 비행은 아이가 보내는 긴급신호입니다. 저와 면담을 하고 난 뒤 많은 분들이 어깨의 짐을 내려놓고 오랫 동안 잊고 지내던 웃음을 되찾곤 합니다.

'밝은 상담'이야말로 제가 바라는 바입니다. 제대로 양육을 할 수 있는 절호의 기회가 온 것이기 때문입니다. 부모에게 있어서 아이를 키우는 일이야말로 최고의 행복입니다. 그러니 저절로 웃음꽃이 피어나는 것이지요.

책 출간의 자리를 빌려 고故 반도 요시노리 선생님께 감사의 말씀을 드립니다.

저의 기억 깊은 곳에 자리하고 계신 반도 선생님은 홋카이도 교육대학 교수였습니다. 지금으로부터 40년 전쯤 아사히 TV(일본 민영방송)에 출연한 적이 있는데, 하코다테(일본 홋카이도 남부에 있는 시市) 사투리로 교육 강의를 하시던 선생님의 경쾌한 말투와 해박한 지식은 지금도 여전히 저를 매료시킵니다.

또한 출판사의 입장에서 정말 많은 조언을 해준 리브르 출판사 아라모토 부장님과 사장님께 진심으로 감사드립니다. 두 분을 만나지 못했더라면 이 글을 책으로 출판할 수 없었을 것입니다.

이렇게 만들어진 책이 잘 활용되어, 학교로 돌아간 아이들과 그 가족들 모두의 웃음꽃이 전국으로 퍼져나가기를 바라 마지않습니다.

모리타 나오키

학창 시절, 교실에서 주인을 기다리는 빈 책상을 본 기억이 다들 한 번쯤은 있을 것이다.

등교거부란 당사자의 심리, 정서, 신체 및 사회적 이유로 학교에 가기를 거부하는 것이다. 그에 담긴 사연의 무게는 저마다 달랐겠지만, 해마다 늘어나던 등교거부 아이들은 반 아이들의 무관심 속에서 조용히 잊혀갔다. 돌이켜보면 그 아이들은 대부분이 '조용하고 얌전한' 혹은 '겉도는' 아이라고 여겨지고 있었던 것 같다. 저자의 말대로, 그 친구들도 아마 '마음의 영양분'이 결핍된 상태가 아니었을까.

일본에서는 등교거부가 상당히 큰 사회문제로 대두되고 있다. TV 등 각종 매체에서는 등교거부의 심각성을 알리는 뉴스가 끊이지 않고, 관련 서적만 해도 천 권을 훌쩍 넘긴다.

교내에 적응교실을 설치하고, 학교 상담사를 채용하거나, 외부 교육시설의 출석을 인정하는 등 다양한 정책을 도입해 실시하고 있다.

반면 국내의 등교거부 대처 방안은 상당히 열악한 것이 현실이다. 학생의 무단결석이 계속되면 담임교사가 보호자에게 연락을 하거나 가정방문을 하는 것이 최선이고, 뉴스나 신문에서도 좀처럼 다루어지지 않으며, 서점에서는 관련 서적조차 찾아보기 어려운 실정이다. 분명히 존재하는 그 아이들에게 어째서 사회는 관심을 쏟지 않는 것일까.

우리나라에서는 등교거부 학생에 대한 통계자료조차 수집하고 있지 않기 때문에 정확한 수치를 알 수는 없으나, 여성가족부의 조사에 따르면 매년 5~6만 명의 청소년들이 학업을 중단하고 있으며, '학교 밖 청소년'의 누적치는 28만 명에 육박한다고 한다. 이 수치는 영국, 일본 등 다른 나라와 비교했을 때 높은 편은 아니지만, 결코 적다고도 할 수 없다.

이런 상황임에도 나는 "한국은 일본만큼 등교거부자가 많지 않다"고 여기고 있었고, 이러한 착각은 그 친구들의 존재를 두 번 지우는 것이었다는 사실을 깨달았다. 아무런 대응

책이 없는 현실에서 등교거부 아이들은 점점 더 학교와 멀어져가고, 결국에는 자퇴의 수순을 밟게 되는 것이 아닐까.

물론 학교 외의 모든 교육기관이나 제도를 부정하려는 것은 아니다. 분명 그것들을 필요로 하는 사람이 있을 터이고, 그런 기관이나 제도가 학교보다 더 적합한 아이들 또한 존재한다. 다만, 학교 이외에 또래들과 교류할 만한 단체생활 공간이 턱없이 부족한 국내에서, 학교를 떠난 아이들이 그 작고도 큰 사회를 대체할 만한 곳을 찾기란 여간 어려운 일이 아니다.

그렇기 때문에 저자와 부모들은 오늘도 아이들을 학교로 돌려보내기 위해 고군분투하는 것이다.

저자인 모리타 나오키가 고안한 '장점 찾기·칭찬하기·기록하기', 이 3요소로 행해지는 칭찬 서포트는 평소에 간과하고 있었던, 간단하고도 일상적인 대화를 통해 아이들을 등굣길로 이끈다. 등교거부 외 다른 교육 문제에도 효과가 있을뿐더러, 아이와 보호자 누구도 책망하지 않는 아주 '친절한' 훈육방법이기 때문에 많은 이들에게 추천하고 싶다.

만인에게 균등한 배움의 권리와 행복의 권리가 세상에 존재하는 한, 모두가 그것을 누릴 수 있어야 한다. 그 권리를 가르치는 것 또한 보호자의 몫이다.

아이들이 마음의 영양실조로 인해 자신의 권리를 더 이상 포기하지 않도록, 이 책이 많은 사람들의 손에 닿았으면 한다.

권서경

옮긴이 권서경 초등학생 시절 일본문화에 관심을 가지고 일본어를 독학, 중학교 재학 중 JLPT 1급을 취득했다. 대학에서는 연기를 전공했으나 번역에 흥미를 느껴 번역가로 전향을 결심, 이후 번역 아카데미를 수료하고 첫 책으로 『하루 세 번 칭찬으로 키우는 아이 자존감』을 번역했다.

하루 세 번 칭찬으로 키우는 아이 자존감

초판 1쇄 발행 · 2017년 12월 12일

지은이 · 모리타 나오키
옮긴이 · 권서경
펴낸이 · 김요안
편집 · 강희진
디자인 · 주수현

펴낸곳 · 북레시피
주소 · 서울시 마포구 신수로 59-1, 2층
전화 · 02-716-1228
팩스 · 02-6442-9684
이메일 · bookrecipe2015@naver.com | esop98@hanmail.net
홈페이지 · www.bookrecipe.co.kr | https://bookrecipe.modoo.at/
등록 · 2015년 4월 24일(제2015-000141호)
창립 · 2015년 9월 9일

종이 · 화인페이퍼 | 인쇄 · 삼신문화사 | 후가공 · 금성LSM | 제본 · 대흥제책

ISBN 979-11-88140-16-9 03370

이 도서의 국립중앙도서관 출판예정도서목록(CIP)은 서지정보유통지원시스템
홈페이지(http://seoji.nl.go.kr)와 국가자료공동목록시스템(http://www.nl.go.kr/kolisnet)에서
이용하실 수 있습니다. (CIP제어번호: CIP2017031975)